전도팀활성화 프로젝트

이 지 훈 지음

Contents 차례

들어가는 말

훈련소개

찬양 및 기도회
오리엔테이션
전도이론 전도 전략 바꾸기
복음제시 복음 메시지 강의
전도준비 전도장소 선정, 전도전략 세우기

찬양 및 기도회
전도이론 이런 복음 전도자가 되라(1)
복음제시 임팩트 대화법
전도준비 간증 준비하기
미　　션 사람들 많이 만나서 교회 알리기(1)

찬양 및 기도회
전도이론 이런 복음 전도자가 되라(2)
복음제시 복음 메시지 강의
전도준비 노방전도에서 관계전도로
미　　션 사람들 많이 만나서 교회 알리기(2)

찬양 및 기도회
전도이론 이런 복음 전도자가 되라(3)
복음제시 복음 메시지 강의
전도준비 전도 대상자 정하고 친구 만들기(1)
미　　션 신뢰감 형성하기

찬양 및 기도회
전도이론 이런 복음 전도자가 되라(4)
복음제시 복음 메시지 강의
전도준비 전도 대상자 정하고 친구 만들기(2)
미 션 신뢰감 형성하기

찬양 및 기도회
전도이론 복음 선포! 영적전쟁이 시작되다.
복음제시 복음 메시지 강의
전도준비 VIP초청 축제 준비
현장실습 전도대상자에게 접근하기(마음열기)

찬양 및 기도회
전도이론 뜨거운 기도로 성령의 역사가 시작되다
복음제시 복음 메시지
전도준비 새신자 양육
현장실습 전도 대상자에게 감동주기

찬양 및 기도회
전도이론 이제 예수 그리스도의 증인으로 살아가다
복음제시 복음 메시지 강의 및 훈련
전도준비 전도대(팀) 조직 및 운영
현장실습 VIP초청 축제 모셔오기

> "전도할 때 결과(열매)에 초점을 맞춘다면 그 결과가 더디게 될 때 낙심하게 될 것이고
> 전도할 때 한 영혼에 초점을 맞춘다면 전도하는 그 자체가 행복으로 다가올 것이다.
> 우리는 지금 한 영혼을 예수님께로 한 걸음 더 가까이 가게하고 있기 때문이다."
> – 이지훈 목사

들어가는 말

　로잔 언약 제4조에 보면, "전도한다는 것은 기쁜 소식을 널리 전파하는 것이며, 기쁜 소식이라 함은 예수 그리스도께서 성경대로 우리 죄를 위하여 죽으시고 죽은 자로부터 다시 살아나시사 통치하시는 주로서 지금도 회개하고 믿는 모든 이들에게 사죄와 성령의 자유케 하시는 은사를 공급하신다는 것이다."라고 기록되어 있다.

　또한 계속해서 "전도하기 위하여 우리 그리스도인이 이 세상에 있어야 함은 불가피하며, 마찬가지로 상대방을 이해하려면 대화를 경청하는 것은 불가피한 일이다. 그러나 전도 그 자체는 사람들로 하여금 인격적으로 하나님께 나아가 하나님과 화목하도록 설득하기 위하여 역사적·성서적 그리스도를 구세주요, 주로 선포하는 것이다. 복음에로 초대함에 있어 제자된 값을 치러야 한다는 사실을 무시해서는 안 된다."고 기록하고 있다.

　그런 면에서 전도는 기쁜 소식을 널리 전파하는 것뿐만 아니라, 그리스도를 구세주로 선포하는 것을 말하고 있다. 그렇다면 어떻게 전파하고 선포해야할까, 지금도 많은 사람들이 복음을 회피하고, 이미 세상에는 더 좋은 것들로 가득 차 있어서 복음에는 관심조차 없다. 심지어는 믿는 성도들조차 전도가 잘 되지 않는다며 손을 놓고 있는 현실이다.

　그렇다고 나까지 전도를 포기한 채 적당히 신앙생활하면서 살아가야할까? 주께서 지상명령이라고 말씀하신 것은 해도 좋고 안해도 좋은 정도가 아니라는 것이다. 무조건 순종해야하는 명령이다. 복음의 본질은 바뀔 수 없지만 복음 전하는 방법은 바뀔 필요가 있다. 이제는 전도의 새로운 패러다임이 필요하다. 구원받지 못한 사람들은 우리가 말하는 것을 듣기 전에 우리 삶에 나타난 복음을 보고 들을 수 있게 해야 한다. 그러나 무엇이 최우선 순위인가에 대해서 절대로 혼동해선 안된다. 우리의 기준은 십자가의 복음이고, 잃어버린 영혼을 향한 마음과 열정이 있어야 한다. 방법과 공식이 아닌 성령의 역사가 있어야 영혼이 변화되고 비로소 하나님의 때에 열매가 맺게 될 것이다.

이 교재는 찬양과 함께 기도회, 허깅을 통한 교제 그리고 강의와 현장실습을 한 번에 할 수 있도록 제작되었으며, 마지막 VIP초청축제를 통하여 그동안 전도했던 분들을 모셔올 수 있도록 하였다. 또한 전도팀 모임이 행복하고 즐거워야 전도하는 성도들이 기쁜 마음으로 헌신 할 수 있기에 8주 훈련이 끝난 뒤에는 수료여행을 가도록 제안한다. 믿음의 추억 쌓기를 통하여 그동안 전도하면서 느꼈던 여러 가지의 경험들을 서로 나누면서 하나님께서 주신 은혜를 공유하고, 훈련받으면서 나도 모르게 쌓였던 서로간의 갈등들을 해소한다. 무엇보다 이제 다음 기수 모집에 함께 힘을 쏟게 될 것이다. 이후 교회일정에 맞추어 교회 성도들에게도 전도팀에 들어올 수 있도록 다음 기수를 모집한다.

이 훈련에서 강력하게 제안하는 것은 183훈련이다. 1년 8주 3회의 훈련이다. 아무리 좋은 훈련을 받고 와도 우리 교회에 적용하지 못하면 그 훈련은 오래가지 못한다. 중요한 건 내가 훈련자로 서고, 우리교회 전도팀이 그 훈련으로 활성화 되고 성장하는 것이다. 부디 이 훈련교재가 여러분 자신과 여러분의 교회 전도팀을 활성화 시키는데 크게 쓰임받기를 기도한다.

2019. 1
전도왕만들기프로젝트 훈련 대표 이 지 훈 목사

전도팀활성화프로젝트 훈련 소개

1. 이 훈련에서 제안하는 것은 183훈련이다.

1년 8주 3회의 전도훈련을 뜻한다. 훈련의 집중력을 높이며, 이 훈련이 교회에 정착과 활성화를 위해선 1년 8주씩 3회의 훈련을 제안한다.

2. 반드시 시작과 끝을 알려 준다.

8주간은 절대 결석하지 않고 집중하도록 훈련의 시작과 끝을 알려 준다. 그리고 기도시간마다 함께 끝까지 완주할 수 있도록 기도하자.

3. 첫 강의가 시작할 땐 개강예배, 수료할 땐 수료식

가능하다면 개강예배 때 담임목사님께서 설교하시면서 전도팀에게 힘을 실어 주면 좋다. 수료할 때도 오후예배시간에 별도 시간을 만들어서 수료식(훈련 동영상, 특송, 간증, 수료증 수여)을 하여 전도팀에게 힘을 실어주며, 이 수료식을 통해서 다음 기수를 모집하면 큰 효과가 있다.

수료증도 반드시 줘야 한다. 그러나 요즘 사람들은 수료증을 잘 보관하지 않는다. 그래서 수료증 대신 수료앨범을 제작하여, 그 앞쪽에는 수료증 내용을 넣고, 안에는 훈련사진들을 넣어 둔다면 세상에 딱 하나 밖에 없는 귀중한 전도훈련 수료증이 될 것이다.

※수료앨범은 인터넷에 사진인화 사이트에 들어가면 7~8,000원에 제작이 가능하다.

4. 8주 훈련 후에는 곧바로 VIP초청 축제

전도대상자를 초청할 수 있도록 VIP초청축제를 한다. 교회 전도축제로 활용해도 좋다.

그러나 교회 일정상 VIP초청 축제를 할 수 없다면, 전도팀 자체로 하면 된다. 예배는 똑같이 드리고, 초청된 분들에게 정성으로 준비한 선물과 식사를 제공하면 된다. 여기서 중요한 건 "내가 이 교회에서 존중과 사랑을 받고 있다는 느낌을

주는 것"이기 때문이다. 그리고 VIP초청축제의 중요한 목적은 교회에서의 어떤 프로그램 이벤트 공연보다(난타, 워십, 중창 등), 교회에서 드리는 참된 예배가 무엇인지를 보고, 듣고, 경험하게 하는 것이며 담임목사님의 설교를 통하여 그 분들이 복음을 듣게 하는 것이다. 그러므로 이벤트나 프로그램에 집중하지 말고 한 영혼 구원에 초점을 맞춰서 그 분들에게 십자가 복음을 듣게 한다면 그 다음은 하나님께서 역사하실 것이다. 이벤트, 프로그램에 집중하다 영혼을 놓치고, 행사로 끝나기에 전도축제를 해봤자 교회에 도움이 되지 않는 다고 하는 것이다. 그러나 우리가 십자가에 복음에 맞춘다면 정착여부를 떠나서 가장 귀중한 일을 우리가 하고 있다는 보람과 감사를 느끼게 될 것이다.

5. 8주가 끝난 뒤 수료여행(믿음의 추억쌓기)

전도는 행복하고 재밌어야 사람들이 모인다. 수료여행을 통하여 그동안의 전도 이야기, 그리고 앞으로 전도팀을 이끌어 갈 얘기, 서로 허심탄회 하게 얘기하며 믿음의 추억을 만들어 준다. 그러고나면 전도팀이 훨씬 더 활성화 될 수 있을 것이다. 그 후 교회 일정을 참고하여 다음 기수를 모집한다.

6. 기수별 훈련내용

1기 : 나 자신이 전도의 기초와 현장전도에 대한 전도훈련을 받음
2기 : 현장전도 훈련 받는 동시에 1기 학생들과 함께 전도를 나가면서,
       학생들을 케어하는 동역자 훈련을 받음
3기 : 전도에 대한 전반적인 기획과 전략을 짜며, 우리교회 전도팀 조직 운영,
       다음 기수 모집, VIP초청 축제 기획 등을 함께 한다.
       강사로 서게 된다, 전도팀 리더 훈련을 받게 된다.

7. 회비

반드시 회비는 필요하며, 1기를 제외한 2, 3기부터는 회비를 50%감면한다.
회비 비용을 추천한다면 1기는 10만원 그리고 2기 부터는 5만원이 좋다.
(교재비, 간식비, 수료 앨범비, 수료여행비, 훈련기간 중 점심시간이 포함되면 식사비 등)

"복음은 그것을 듣지 못지 못한 사람에게는 복된 소식이 아니며
전파하지 않은 복음은 복음이 아니다."

– 라인 하르트 본케 –
Reinhard Bonnke

훈련 순서

찬양과 기도회 ▶ 허깅을 통한 교제 ▶ 훈련일정 광고 ▶ 교실수업(강의) ▶ 현장실습 ▶ 피드백 ▶ 마침기도

전도팀 훈련시간은 교회 전도팀 상황에 맞게 맞춰가면 된다. 그러나 시간 사용 비율은 훈련강의 40% 현장실습 60%로 맞춰서 진행한다.

찬양과 기도(20분)
찬양과 기도로 성령의 도우심을 구한다. 마귀가 우리의 마음을 나뉘지 못하도록 서로의 손을 잡고 뜨겁게 기도한다. 그리고 이 전도훈련을 통하여 많은 열매를 맺을 수 있도록 간구한다.

허깅을 통한 하나됨(5분) - 축복송을 부르면서 허깅을 한다.
허깅을 통하여 서로간의 뜨거운 사랑을 나누며, 서먹했던 사이가 친한 사이로, 벽이 있었던 관계가 허물이 없는 관계로 바뀌며 나중에 동지애가 생길만큼 가까운 사이가 된다. 서로 허깅을 하며 "능력 전도자가 되세요" 또는 "함께 복음 전하니 힘이 납니다.", "당신 때문에 우리교회는 부흥됩니다."의 멘트로 서로를 축복합니다.
※남/여 사이에는 악수를 한다.

광고를 통한 훈련일정 안내(3분)
오늘 훈련 일정들을 미리 알려줌으로서 훈련내용을 공유하며 모두가 함께 움직일 수 있도록 공지한다.

훈련 강의(30~40분)
수업시간은 30~40분이 적당하며 가능하면 현장실습 위주의 훈련을 해야 한다.

현장실습(1시간 30분)
우리 교회만의 전도전략 세우기, 많이 만나기, 우리 교회 알리기, 친구 만들기, 마음열기, 감동주기, 모셔오기 등 현장에서 성령의 인도하심을 구하며 복음을 전하다. 전도방법과 유형은 다양하나 우리 교회 주변 지역의 상황에 맞는 전도방법이 있다. 배운대로 고수하기보다 우리 지역에 맞는 전도방법을 선택하는 것이 중요하다. 그것은 현장에 나갈 때 알 수 있다. 현장이 답이다.

피드백(10분)
전도 후에는 반드시 피드백이 필요하다. 교재의 마지막 장에 〈전도 후 피드백〉이 각 장마다 있다. 피드백을 통하여 오늘의 전도를 뒤돌아 보고 좋았던 점 아쉬웠던 점을 기록하여 다음 전도 시에 참고 한다. 그리고 전도팀원들과 함께 나눔을 통하여 하나님께서 주셨던 은혜가 더 가슴깊이 새겨짐을 경험할 수 있을 것이다.

마침기도(3분)
가능하면 마침기도는 조장에서 조원으로 모두가 돌아가면서 한 번씩 기도하는 것이 좋다.

단체 카톡방과 밴드를 활용할 것
전도팀의 활성화를 위해서는 커뮤니티가 활성화 되어야 한다. 단체카톡방 안에서 오늘 훈련의 사진을 공유하고 댓글로 서로 격려하고 칭찬한다. 그리고 자료 보관을 위해서 밴드를 활용하면 훈련이 끝난 뒤 수료앨범과 동영상을 만들 때 많은 도움이 된다.

오리엔테이션

1. 이름 :

2. 전도팀활성화프로젝트에 어떻게 참여하게 되었는가?

3. 전도팀활성화프로젝트를 통하여 내가 어떻게 변화되고 성장하기를 기대하는가?

4. 내가 예수님을 인격적으로 만났을 때는 언제인가?

5. 나에게 있어서 전도란?

6. 나의 전도 대상자는?

7. 요즘 구체적인 기도제목은?

※ 미리 기록해 온 후 2~3명이 나누어 보고 발표가 끝나면 모두 박수를 치며 격려합니다.

- **찬양 1.** 하나님 아버지의 마음
- **찬양 후 중보기도**

1. 하나님! 우리교회 전도팀이 다시 전도의 열정이 불타오르게 하시고, 그 부흥의 출발이 오늘 모인 우리로부터 시작되게 하소서.
2. 하나님 아버지의 마음을 주셔서, 주님처럼 영혼을 바라보고 사랑하는 마음을 주소서.

- **찬양 2** 내가 매일 기쁘게
- **찬양 후 중보기도**

3. 주님! 제 힘으로 복음전할 수 없습니다. 이 시간 저에게 성령의 능력을 부어 주소서!

내가 매일 기쁘게

1. 내가 매일 기쁘게 순례의 길 행함은 주의 팔이 나를 안 보함이요
2. 전에 죄에 빠져서 평안함이 없을 때 예수 십자가의 공로 힘입어
3. 나와 동행하시고 모든 염려아시니 나는 숲의 새와 같이 기쁘다
4. 세상 모든 욕망과 나의 모든 정욕은 십자가에 이미 못을 박았네

내가 주의 큰 복을 받는 참된 비결은 주의 영이 함께 함이라
그 발 아래 엎드려 참된 평화 얻음은 주의 영이 함께 함이라
내가 기쁜 맘으로 주의 뜻을 행함은 주의 영이 함께 함이라
어둔 밤이 지나고 무거운 짐 벗으니 주의 영이 함께 함이라

후렴

성령이 계시네 할렐루야 함께 하시네

좁은 길을 걸으며 밤낮 기뻐하는 것 주의 영이 함께 함이라

- 세 분 이상씩 찾아가서 허깅 하세요.
- **찬양 3** 하나님께서 당신을 통해
- **찬양 4** 축복의 통로

하나님께서 당신을 통해

축복의 통로

남자는 남자끼리, 여자는 여자끼리

또는 남자/여자는 악수하며

"능력 전도자가 되세요"

축복하겠습니다.

이렇게 훈련을 준비하세요

전도훈련교재가 아무리 훌륭하고 뛰어나다고 해도 내가 집중해서 열심히 하지 않으면 아무런 효과를 얻을 수 없습니다. 또한 전도는 공식이 아닙니다. 이 교재가 여러분의 전도팀을 획기적으로 성장시켜 주지 않고 여러분을 전도왕으로 만들어 주지 않습니다. 이 책은 훈련을 위한 도구일 뿐이고 여러분의 전도의 현장에서 성령께서 역사하셔야만 가능한 것입니다. 방법이 아닌 하나님 아버지의 마음을 깨닫는 시간이 되기를 바랍니다.

그러기 위해서 우리가 먼저 세상에 선한 영향을 끼치는 사람이 되어야 합니다. 여러분이 훈련을 효과적으로 받을 수 있도록 도움이 될 몇 가지 제안을 드립니다.

1. 하나님을 기대하십시오.

사도바울은 고린도전서 9장에서 만일 자신이 전도를 하지 않는다면 스스로에게 화가 있을 것이라는 고백을 합니다.

> "내가 복음을 전할지라도 자랑할 것이 없음은 내가 부득불 할 일임이라 만일 복음을 전하지 아니하면 내게 화가 있을 것이로다"(고전9:16)

사도바울은 여기서 "부득불 할 일"이라고 고백합니다. 그런데 이 말씀이 NIV에서는 "나는 그렇게 하지 않을 수 없는 거룩한 부담으로 느끼고 있다"고 번역하고 있습니다. 사도바울은 전도를 피해갈 수 없는 거룩한 의무로 인식하고 있습니다. 왜 그럴까요? 그것은 사도바울을 구원하신 하나님의 기대가 있기 때문입니다. 나 한사람만 구원받고 머물러야 할 사건이 아니라는 것입니다. 구원받는 나를 통해 또 다른 사람이 복음을 듣고 구원받는 것! 그것이 바로 하나님의 기대였기 때문입니다. 그래서 하나님은 복음 전도를 해도 좋고 안해도 좋은 일로 만들지 않으시고 명령으로 주셨습니다. "지상명령"입니다. 복음을 듣지 못한 모든 이웃과 민족을 바라보시며 우리에게 전도할 것을 명령하고 계십니다.

라인하르트 본케 목사님은 이런 말을 했습니다.
"복음은 그것을 듣지 못한 사람에게는 복된 소식이 아니며, 전파되지 않은 복음은 복음이 아니다" 얼마나 와닿는 말입니까?

이 훈련을 통하여 여러분들은 가장 먼저 내가 변화되는 것을 경험하게 되며 평생 가장 행복한 시간이 될 것입니다. 뿐만 아니라 무력한 전도자가 아닌 능력전도자가 되어 복음을 전하는 강력한 전도자로 세움 받게 될 것을 확신합니다. 복음을 위해 나의 시간과 물질과 마음을 드릴 수 있다는 것은 내 인생에서 최고의 행복입니다.

예수님이 겟세마네 동산에서 기도하실 때 하나님의 약속이 이루어질 것을 굳게 믿었습니다. 여러분도 여러분의 삶을 주님께 드리며 복음을 전할 때 하나님께서 그 약속을 이루어 주실 것을 믿으시기 바랍니다. 하나님을 기대하십시오.

다니엘 12:3
지혜 있는 자는 궁창의 빛과 같이 빛날 것이요 많은 사람을 옳은 데로 돌아오게 한 자는 별과 같이 영원토록 빛나리라

2. 매일 기도하십시오.

전도만큼 중요한 것이 기도입니다. 기도와 전도는 절대 뗄 수 없습니다. 전도 할 시간 없다고 기도를 줄이면 안됩니다. 전도는 영적전쟁이기에 영적전쟁에서 승리의 핵심비결은 기도에 있습니다. 충분히 기도하고 훈련을 받는 기간동안 매일 기도하시면서 하나님께서 기뻐하시는 전도자로 세워주시고 성령충만을 주시며 잃어버린 영혼들을 불쌍히 여기는 마음을 달라고 기도하시기 바랍니다. 그리고 말과 지혜의 아름다움으로 전도하는 것이 아닌 성령의 능력으로 전도하는 능력전도자가 되게 해달라고 기도하십시오. 절대 이 훈련을 포기하지 않게 해달라고 기도하세요. 또한 여러분이 이 훈련을 마치고 또다른 사람들을 훈련시킬 수 있는 리더가 되도록 기도하세요.

에베소서 6:18
모든 기도와 간구를 하되 항상 성령 안에서 기도하고 이를 위하여 깨어 구하기를 항상 힘쓰며 여러 성도를 위하여 구하라

3. 훈련목표를 세우십시오.

여러분은 어떤 동기로 전도훈련을 받으십니까? 구체적인 목표가 필요합니다. "나는 몇 명을 만나고 몇 명을 전도하겠다", "나는 다음 기수 때 다른 사람을 훈련시키는 리더가 되겠다.", "전도훈련에 누구누구를 초대하겠다" 등 물론 주께서 하실 일이지만 믿음은 언제나 최선을 다하는 것

입니다. 우리의 삶에 가장 활기가 넘칠 때는 목표가 있을 때입니다. 가장 희망이 넘칠 때도 목표가 있을 때입니다. 우리에게 비전과 목표가 있을 때 에너지가 넘치고 활기찬 전도훈련을 경험하게 되는 것입니다. 목표가 있을 때 계획이 생기고 계획이 생기면 행동을 하게 됩니다.

우리가 훈련에 임하면서 힘차게 달리기 원한다면 과거 나의 연약함을 주님께 맡기고 성령의 능력을 더욱더 의지하는 것입니다. 과거에 매어 있으면 안된다는 것입니다. 그리고 우리는 그 목표를 이룰 때까지 결코 포기해서는 안됩니다. 운동장에서 달리기 선수가 목표를 상실하면 선수에서 제외됩니다.

> 빌립보서 3:12
> 내가 이미 얻었다 함도 아니요 온전히 이루었다 함도 아니라 오직 내가 그리스도 예수께 잡힌 바 된 그것을 잡으려고 달려가노라

본질적인 목표

『목수 일을 하는 아버지가, 어느 날 아들에게 못질하는 법을 가르쳐 주었습니다. "애야, 못질을 잘하려면 네 시선을 못에 고정시켜야 한단다. 그러면 점차 못만 크게 부각되어 보일 거야. 그러나 만일 못에 시선을 고정시키지 못해 손등이나 손가락이 시야에 들어오게 되면 십중팔구 네 손에 든 망치가 네 손을 내려치게 될거다"』
이 이야기는 우리가 목표에 집중할 때 비로소 그 목표를 달성하는 삶을 살 수 가 있다는 실제적인 교훈을 담고 있습니다.

4. 여러분의 생활속에서 전도 하십시오.

이제 여러분은 훈련받는 그 시간만 전도하는 것이 아니라 여러분의 삶 전체로 확대해야 합니다. 훈련 받는 기간 동안에 여러분의 가족, 친척, 직장동료, 친구 등 좀 더 친밀한 관계를 맺도록 하시고 여러분이 만나는 모든 사람들이 전도 대상자입니다. 복음 전할 기회들을 찾아내어 전도하시는 여러분의 생활속에서 전도하기를 힘쓰시기 바랍니다. 현장실습 이외의 시간에 누군가에게 복음을 전하기 위해서 여러분의 결단과 헌신이 필요합니다.

> 디모데후서 4:2
> 너는 말씀을 전파하라 때를 얻든지 못 얻든지 항상 힘쓰라 범사에 오래 참음과 가르침으로 경책하며 경계하며 권하라

5. 훈련진행은 현장전도 중심으로

저는 책을 쓰면서 단순히 글자를 타이핑하고 프린트하는 것에 목적을 둔다면 금방 싫증나서 그만둘 것입니다. 그러나 이 책이 전도에 힘쓰시는 여러분에게 도움이 되고 귀한 도구가 될 것을 생각하니 힘을 다하고 사소한 것 하나에도 정성을 다해 책을 만들 수 있습니다. 마찬가지로 여러분들이 단순히 책을 읽고, 암기하고, 지식으로만 습득하려 한다면 이 훈련은 지루하고 아무 의미 없는 공부에 불과할 것입니다.

전도할 때 결과(열매)에 초점을 맞춘다면 그 결과가 더디게 될 때 낙심하게 될 것이고 전도할 때 한 영혼에 초점을 맞춘다면 전도하는 그 자체가 행복으로 다가올 것이다. 우리는 지금 한 영혼을 예수님께로 한 걸음 더 가까이 가게하고 있기 때문이다

그리고 이 훈련은 교재중심이 아닌 현장중심의 훈련입니다. 아무리 교재의 내용이 많이 남아도, 전도나가야 할 시간이 되면 거기서 멈추고 전도 나가야 합니다. 현장이 최고의 전도교육입니다.

다함께 외쳐봅시다. "현장이 답이다"

> 마가복음 1:39
> 이에 온 갈릴리에 다니시며 그들의 여러 회당에서 전도하시고 또 귀신들을 내쫓으시더라

6. 영적공격은 반드시 있습니다.

사탄은 여러분이 교회일 하는 것에 별관심을 두지 않습니다. 여러분이 무슨 봉사를 하고 얼마나 많이 헌금하고 얼마나 오랫동안 교회에 다녔는지 별관심 없습니다. 그러나 여러분이 복음을 전할 때 그 순간부터 여러분은 사탄의 공격을 받게 될 것입니다. 여러분의 가장 연약한 부분 그것이 가족중에 "남편(아내), 자녀들"이 될지 "친구, 직장동료"가 될지, "질병", "물질", "사고"가 될지 모르지만 여러분이 가장 연약한 부분을 건드려서 전도하지 못할 합당한 이유를 만들어서 전도를 못하게 만듭니다. 한 사람도 예외가 없습니다. 그러므로 깨어 기도해야 하고 이것이 사탄의 공격임을 인지하고 믿음으로 돌파해야 합니다. 겁먹지 마십시오. 이전에 이런일이 없었는데 전도하려고 할 때 그런일이 닥쳐왔다면 아무리 큰 문제라 하더라도 걱정하지 마십시오. 우리 안에 계신 성령님이 사탄보다 더 크시다는 하나님의 말씀을 의지하여 사탄을 물리치시기 바랍니다.

요한1서 4:4
자녀들아 너희는 하나님께 속하였고 또 그들을 이기었나니 이는 너희 안에 계신 이가 세상에 있는 자보다 크심이라

7. 인내하십시오.

전도훈련을 받으시는 분들의 연령과 성별, 배경은 참 다양합니다. 어떤 분은 나이가 많아서 글을 못배워서 허리와 관절이 안 좋아서 등 훈련받으시기에 참 어려운 상황에 계신 분들이 있습니다. 그러나 걱정하지 마십시오. 여러분의 최악의 상황이 최고의 전도간증이 될 수 있고, 여러분의 상황이 하나님안에서 능력있는 전도자로 만들어 주실 것입니다. 인내하세요! 마음속에서 난 아무래도 안될 것 같아! 하는 소리가 들릴지도 모릅니다. 환경적으로 어려움이 닥쳐올지도 모릅니다. 그러나 여러분은(나는) 해낼 수 있습니다! 해내고야 말 것 입니다! 선포하십시오. 전도팀활성화프로젝트에 실패하는 유일한 길은 도중에 포기하는 것입니다.

다함께 외쳐봅시다.

"나는 주가 주신 능력으로 할 수 있다!!"

(리더선창) 구호 준비!
(전도팀원) 얍!

(리더) 전도!
(전도팀원) 할 수 있다! 할 수 있다! 할 수 있다!

(리더) 전도!
(전도팀원) 하면 된다! 하면 된다! 하면 된다!

(리더) 전도!
(전도팀원) 해 보자! 해 보자! 해 보자!

(리더) 누가?
(전도팀원) 내가! 내가! 내가!

(리더) 할렐루야~
(전도팀원) 아멘!

전도팀활성화프로젝트 훈련 서약서

전도를 해야하는 것이 주님께서 명령하신 그리스도인의 사명이고 전도를 하고 싶었지만 자신감이 결여되고 어떻게 해야할지 모르는 상황에 머뭇거릴 때 주님은 당신을 택하여 부르셨습니다. 이 복음은 가장 먼저는 나를 변화시키고 다른 영혼을 변화시키며 주님께로 인도하게 될 것입니다. 이런 귀한 사역에 쓰임받는 것에 감사하며 여러분의 온 마음을 다해 이 훈련에 끝까지 동참할 것을 서약하시기 바랍니다.

당신은 8주간의 훈련을 위하여 헌신하게 될 것입니다. 이 8주간의 훈련은 당신의 인생에서 가장 행복한 훈련의 경험이 될 것입니다.

● 전도팀활성화프로젝트 훈련 서약서 ●

땅끝까지 이르러 내 증인이 되리라는 말씀을 기억하며 8주간의 훈련에 온 힘을 다하여 참여할 것을 전능하신 하나님 앞에 엄숙히 서약합니다.

1. 나는 전도훈련과 생활속에서의 전도를 내 삶의 가장 우선순위로 생각하며, 훈련에 임할 것을 서약합니다.
2. 나는 모든 훈련시간에 참석하며, 부득이 결석할 때는 즉시 팀장님에게 알리겠습니다.
3. 나는 매주 숙제를 충실히 하겠습니다.
4. 나는 나의 팀원들과 함께 우리가 만난 전도대상자들을 위해 기도하며, 지속적인 관계를 맺도록 힘쓰겠습니다.
5. 나는 나의 팀원이 결석할 때 그에게 연락하고 격려하는 일을 힘쓸 것입니다.

●이름 :   ●서약 :

"이 교재가 여러분의 교회 전도팀을
강력한 전도팀으로 만들어주지 못합니다."

하나도 빠지지 않고 암기 한다고 해서 여러분이 전도왕 되는 것도 아니고, 여러분 교회의 전도팀이 활성화 되는 것이 아닙니다. 중요한 것은 여러분이 직접 전도의 현장에 나가셔야 합니다. 전도의 현장에서 죽어가는 안타까운 영혼들을 만나셔야 하고, 전도의 현장에서 이단들과도 부딪혀 보고, 복음 전하는 것 때문에 핍박과 조롱도 당해 보셔야 합니다. 그렇게 그 복음의 현장에서 철저히 낮아지고 깨어지고 부서져서 완전히 하나님을 의지할 때, 하나님의 성령이 기름 부으실 것이고 역사하실 것이고 능력이 나타날 것이며 비로소 한 영혼을 가슴으로 사랑하는 전도왕이 탄생하게 될 것입니다. 그때 우리 교회 전도팀도 성령의 능력으로 강력한 전도팀이 될 것입니다.

요한복음 11장에 보면 오빠의 죽음 앞에서 절망하고 있는 마르다와 마리아의 모습이 나옵니다. 분명 마르다와 마리아는 오빠가 죽기 전에 예수님이 오셔서 오빠의 병을 낫게 해주시리라 기대했습니다. 오빠 나사로가 위독하다는 사실을 예수님께 알렸음에도 불구하고 예수님은 오시지 않았습니다. 오히려 그 계시던 곳에서 이틀을 더 계셨습니다.(요11:6) 예수님은 나사로가 완전히 죽은 뒤에 나사로의 무덤이 있는 현장에 오셨습니다. 주님은 그 날을 기다리셨던 것입니다. 이제 더 이상 사람이 손 쓸 수 없는 절망의 순간을 기다리셨고, 바로 그때 엄청난 소망의 말씀을 선포하십니다. "예수께서 이르시되 나는 부활이요 생명이니 나를 믿는 자는 죽어도 살겠고, 무릇 살아서 나를 믿는 자는 영원히 죽지 아니하리니 이것을 네가 믿느냐"(요11:25,26)

예수님은 이 말씀을 통해서, 죽음의 극복은 사람의 그 어떤 힘으로 가능하지 못하고, 오직 예수님으로 인한 부활에 있다는 것을 선언하시고 그들로 깨닫게 하신 것입니다.

우리는 전도훈련을 받기 전에 나의 자존심, 교만함, 연약함, 믿음 없음, 부정적인 생각 등 이 모든 것을 다 내려놓아야 합니다. 주님은 내 힘으로 할 수 없을 그 때를 지금도 기다리고 계십니다. 내려놓음입니다. "주님! 저 혼자서는 아무것도 할 수 없습니다. 주님께서 도와주십시오!" 라고 고백하며 낮아질 때 주님은 나를 통해, 우리를 통해 일하기 시작하실 것입니다.

기억하십시오! 전도(복음)는 공식이 아니라 성령의 능력이라는 것!

나의 기도 동역자

전도는 영적 전쟁입니다. 그러므로 기도가 반드시 필요합니다. 아말렉과의 전투에서 모세는 아론, 훌과 함께 산꼭대기에서 기도합니다. 이때 모세가 손을 들면 이스라엘 민족이 승리를 하고, 손을 내리면 아말렉이 이겼습니다(출17:11) 모세의 팔이 내려가자 아론과 훌, 두 사람은 양쪽에서 모세의 손을 붙들어 들어 올립니다. 그리고 그 손이 해가 지나도록 내려오지 않자 여호수아가 칼날로 아말렉과 그 백성을 쳐서 무찌르게 됩니다. 이것이 바로 중보기도의 힘입니다. 훈련기간 중에 당신을 위해 기도로 뒷받침해 줄 기도 동역자 두 사람 이상을 모집해야 합니다.

1기

나의 기도 동역자

(보관용)

이름	직분	연락처	기타

▌나의 기도 동역자

2기
(보관용)

이 름	직 분	연 락 처	기 타

▌나의 기도 동역자

3기
(보관용)

이 름	직 분	연 락 처	기 타

훈련생 기도제목 (보관용)

이 름	기 도 제 목

훈련생 기도제목 (보관용)

이 름	기 도 제 목

훈련생 기도제목 (보관용)

이 름	기 도 제 목

제출용

조 :   이름 :

◆ 나의 기도 동역자

이 름	직 분	연 락 처	관 계

◆ 나의 기도 제목

2기

제출용

조 :   이름 :

◆ **나의 기도 동역자**

이 름	직 분	연 락 처	관 계

◆ **나의 기도 제목**

제출용

조 :   이름 :

◆ **나의 기도 동역자**

이름	직분	연락처	관계

◆ **나의 기도 제목**

EVANGELIST

전도팀활성화프로젝트 **첫째 주**

I. 전도이론

EVANGELIST

"전도 전략 세우기"

그때는 되고 지금은 왜 전도가 잘 되지 않을까?

시대가 변했고, 사람들은 구원에 관심이 없다.

오늘날의 시대를 살아가고 있는 사람들은 즐길 게 너무 많고 해야 할 일들도 너무 많다. 우리가 전하고 있는 '복음', '구원' 보다 세상에서 여가를 즐기며 지금 이 시간만이 행복하기를 바랄 뿐이다. 뿐만 아니라 교회 내, 외에서 일어나고 있는 각종 사고와 사건들이 불신자들로 하여금 교회를 멀리하게 만들어 놓았다. 그 결과 복음 메시지 자체에 대해 사람들의 관심은 점점 더 사라지고, 전도하기 위해 누군가를 만나면 의심의 눈초리로 바라보기도 한다.

1970,80년대에는 그렇지 않았다. 복음을 전하는데 간단한 전도지 한 장으로도 충분했고, 다 그런 것은 아니지만 교회를 개척하면 많은 사람들이 몰려왔다. 교회에서 여름성경학교를 한다고 북치고 거리행진을 하면 많은 아이들이 따라왔고, 여름성경학교를 통해 예수님 믿는 아이들도 많았다. 집집마다 찾아가서 복음 전하는 축호전도도 많이 했었다. 그러나 요즘은 집에 들어가는 것조차 어렵고, 그렇게 함부로 들어가서도 안된다. 그만큼 시대가 많이 변했다는 증거이다.

그렇다고 지금 전도하는 것을 중단하라는 것은 아니다. (고전1:21)에서 하나님께서는 전도의 미련한 것으로 믿는 자들을 구원하시기를 기뻐하셨다고 말씀하셨다. 하나님은 그때도 사용하셨고, 지금도 그 방법들을 사용하고 계신다. 그러나 오늘 이 교재에서 제안하는 것은 변한 이 시대에 맞게 전도의 방법들을 점검해 보고 보완할 필요가 있다는 것이다. 복음을 전할 때 모든 사람들이 똑같이 받아들이지 않는 것처럼, 그 사람의 영적 개방 정도에 따라 다른 접근법을 사용해야 한다. 우리는 앞으로도 복음 메시지의 본질은 바뀌지 않지만 들려주고 전파하는 전도를 효과적으로 하기 위해 많은 노력을 기울여야 할 것이다.

> **전도할 때, 아파트에 꼭 들어가야 할까?**
>
> 저는 전도팀을 담당하면서 고민이 있었습니다. "교회 주변에 아파트가 많은데 어떻게 하면 그 아파트 안에 들어가서 집집마다 전도를 할 수 있을까?" 하는 것입니다. 그래서 여러 전도세미나도 쫓아다니고 자료들도 찾아보았습니다. 문이 꽁꽁 닫혀 있는 아파트에 어떻게 들어갈 수 있는지 그 비법을 배우기 위해서였습니다. 그러나 어느 세미나를 가도 실제적인 도움은 하나도 받을 수 없었고 누구나 보편적으로 알고 있는 "다른 사람 들어 갈 때 함께 들어가라", "경비원하고 친해져라"는 얘기들만 하는 것입니다.
>
> 저는 사역지를 옮기며 빌라에서 아파트로 이사를 갔는데, 그 아파트에는 경비원, CCTV, 통로 입구에 비번이 설정되어서 아무나 들어갈 수 없게 된 아파트였습니다. 월요일 하루 마음먹고 쉬고 있는데 집에 벨이 울려서 우리 아이들이 장난치는 줄 알고 속옷 차림에 문을 열었습니다. 그런데 웬 아주머니 두 분이 떡하니 서 계셔서 화들짝 놀랐습니다. 동시에 저에게 "아주 저렴하게 나온 게 있는데 불공을 드리세요"라고 하는 것입니다. 속옷입고 문을 연 나의 민망함과 동시에 버럭 화가 났습니다. 그래서 저는 속옷만 입었다는 것을 깜박 잊은 채 "입구에 비번으로 잠겨 있는데 어떻게 들어왔냐?"고 따지고, 그 분들을 돌려보낸 뒤 경비실에 전화해서 항의를 했습니다.
>
> 그때 순간 깨달았습니다. "그래, 전도를 하면서 굳이 아파트 현관문 앞까지 들어가야 할 이유가 있을까?" 들어오지 마라고 경비원 세워놓고 CCTV를 곳곳에 설치하고 통로입구에 비번 설정하고 집집마다 문에 비밀번호를 설정해놨는데, 왜 굳이 들어오지 마라는 곳에 들어가서 사람들을 놀라게 하고 불쾌하게 하며 경비실에 민원을 넣게 만들까? 차라리 아파트 입구에서 따뜻하게 인사하면서 전도지 한 장 정성스럽게 드리는 게 얼마나 더 좋을까? 하고 생각해 보았습니다.
>
> 한 영혼이 귀합니다. 그렇게라도 한 영혼이 돌아오면 얼마나 좋겠습니까? 그러나 우리가 지금까지는 지금이 아니면 안된다라는 극단적인 방법을 배웠으나 요즘은 오히려 전도의 길이 막힐 수 있습니다. 사람들이 받아들일 수 있는 가장 적절한 방법으로 복음을 전해야 합니다. 들어오지 마라는 곳에 억지로 들어가서 불쾌감과 교회에 대한 반감을 만들지 말고 장소가 어디든 꾸준하고 지속적인 모습과 따뜻함으로 불신자들을 만나며 복음 전하는 게 훨씬 더 좋은 방법일 것입니다.

전도의 뜻 재 점검

전도의 뜻은 "복음을 전하고 다른 사람을 예수님께로 인도하는 것"으로 배웠다. 그러나 실제로 전도 현장에 나가보면 복음을 전하는 것이 그리 쉽지만은 않다. "예수 믿으세요!"라는 말 한 마디로 그들의 마음을 감동시켜 교회로 데려올 수가 없다는 뜻이다. 그리고 어떻게든 정성을 다해 복음을 전했는데 나에게 관심을 보이지 않고 시큰둥하다면 또는 전도용품을 나눠드리며 교회를 알렸는데 무시해버리면 우리는 낙심할 수 있다. 그리고 다음에 전도 나가는 것이 두렵기 까지 한다.

그러나 우리가 여기서 생각해 보아야 할 것은 이 전도의 참된 의미라는 것이다. 전도는 복음을 전하고 그 사람을 예수님께로 인도하는 것인데, 그 전도대상자가 예수님이라는 분을 진지하게 생각하고 믿는데 까지는 분명 오랜 시간이 필요하다. 물론 하나님께서 역사하셔서 단번에 믿을 수도 있다. 그러나 대부분 믿는데 까지는 시간이 필요하다는 것이다. 그렇다면 우리는 이제 여러 가지 방법으로 계속해서 예수님을 소개하고, 예수님께로 한 걸음 더 가까이 나오도록 도와야 한다. 그리고 또 한 가지 우리는 이런 질문을 할 수 있다. "저 영혼을 예수님께로 한 걸음 더 가까이 나아올 수 있도록 나는 오늘 무엇을 해야 할까?" 이다.

여러분은 지금 전도 대상자에게 간다면 어떤 방법으로 예수님께로 한 걸음 더 인도할 수 있을까요?

한 가지 방법을 소개하면, 진짜 전도 잘하는 사람은 논리적으로 설명하고 설득해서 데려오지 않는다. 역시 제일 중요한 것은 성령의 역사이다. 그리고 우리가 해야 할 것은 바로 그 사람을 예수님께로 한 걸음 더 가까이 나아오도록 감동을 주는 것이다. 요즘 시대를 감성시대라고 하지 않는가? 감동을 받을 때 사람들의 마음은 움직이기 시작한다.

> 처음 상가에 전도하러 갔는데 방앗간 사장님이 저에게 "내 얼굴 보이소! 내가 교회 가게 생겼나? 내 얼굴 보이소! 내가 착하게 생겼나?", "난 교회 안갑니다." 라고 해서 "제가 목사입니다."라고 말해도. "그게 와요?"라며 저를 매몰차게 쫓아냈던 분이 있습니다. 저는 마음이 힘들어서 그 자리에서 전도를 접고 교회로 돌아가려 했는데, 주님은 저에게 그 방앗간에 가서 물건을 팔아주라는 마음을 주셔서, 이것저것 물건을 사고 왔습니다. 다음 주에 그분을 마주치기 싫어서 지나치려 할 때, 눈이 마주쳐서 그곳에 전도하러 들어갔는데, 마침 손님이 있었습니다. 하시는 말씀이 "교회를 가려면 부곡순복음교회 가야한다" 말하고, "이 분이 부곡순복음교회 담임목사님이신데 얼마나 성실하고 열심히 하는지 모른다. 장사를 해도 이렇게 해야 한다"면서 저 대신 전도를 해주고 계셨습니다. 왜 그럴까? 곰곰히 생각해보니, 그 분이 감동을 받은 겁니다. 작은 것 하나이지만 어렵고 힘들 때 도움을 줬다고 생각한 것입니다.

전도 전략 바꾸기

▶ 전도를 할 때 무조건 복음메시지를 다 전해야 한다는 의무감 버려라. "전도는 장기전이다"
그 사람이 복음을 들을 수 있는 마음이 열려 있는지를 판단해야 한다. 우리는 한 번 만나고 안볼 사이가 아니기에 장기전을 생각하고 접근해야 하며 언젠가는 변화될 것을 기대하면서 만나야 한다.

▶ 공격적인 전도방법을 버려라. "대상에 맞는 지혜로운 전도방법이 필요하다"
우리는 그동안 너무 공격적인 전도방법을 배웠다. 지금이 아니면 안된다는 극단적인 방법을 배웠으나 요즘은 오히려 전도의 길이 막힐 수 있다. 사람들이 받아들일 수 있는 가장 적절한 방법으로 복음을 전해야 한다. 연령, 성별, 상황, 장소 등 대상에 맞게 지혜롭게 복음을 전해야 한다.

▶ 기회를 계속 만들라 "99% 거절에도 1%의 가능성 때문에"

성도들끼리, 친한 사람끼리는 잘 모인다. 그러나 이제 대상을 바꿔야 한다. 그러기 위해서는 기회를 만들어야 한다. 어떤 방문 판매하시는 분에게 장사가 잘 되십니까? 물으니 만나는 사람 99% 거절한다고 한다. 그런데 왜 계속 하십니까? 1%의 사람을 만나기 위해서 찾아 나선다고 한다. 여러분은 어떤가? 이제 우리는 기회를 만들기 위해 관계를 확장해야 한다. 예를 들어 반상회, 직장모임, 동창회, 동호회 모임 등 전도 대상자게 복음 전하기 가장 좋은 접근법을 선택하는 것이 중요하다.

그들이 복음에 대해서 듣고 싶지 않고 어려워할 지도 모르지만, 우리가 삶으로 말하는 복음은 피할 수 없다. 우리의 삶으로 성경을 해석해서 보여야 한다

▶ 좋은 사람이 되라 "사람들은 옳은 사람 말 안 들어, 좋은 사람 말을 듣지"

예전에 인기리에 방영했던 케이블 TV드라마 '송곳'에 보면 이런 대사가 있었다. "사람들은 옳은 사람 말 안들어, 좋은 사람 말을 듣지" 참 와 닿은 대사였다. 가만히 생각해보면 나도 그 사람이 좋으니까 그 교회도 좋아 보이고 하는 모든 것이 좋아보였다. 그러나 아무리 옳은 얘기를 해도 그 사람이 싫으니까 다 싫어보였다. 이처럼 우리나라 사람은 관계가 중요하기에 좋은 사람이 되어야 우리 교회도 좋은 교회가 되고, 내가 전하는 복음이 적어도 그 사람에게는 좋은 복음이 된다. 그리고 공통점을 찾아야 한다. 잘 모르는 사람끼리 처음 만나면 무엇부터 물어보는가? "고향이 어디십니까?" 어떻게든 공통점을 찾아보려 한다. 고향이 같으면 어떤가? 그때부터 마음이 활짝 열린다. 형, 동생 하며 말을 놓기 시작한다. 금방 친해지기 시작한 것이다.

> 저는 전도 하다가 족발집을 갔었는데, 매주 가다보니 조금씩 친해졌습니다. 어쩌다 고향얘기가 나왔는데 그 분의 고향이 충무(통영)라고 합니다. 저는 학창시절을 거제도에서 보냈습니다. 저의 고향이나 다름없습니다. 어쨌든 충무(통영)와 연관된 것을 어떻게든 맞춰보려고 애쓰니, 그분은 거제대교가 1971년에 준공할 때 박정희 대통령이 왔는데, 그때 국민학생이었다며 노래를 잘한다고 해서 준공식 때 노래했다고 합니다. 그래서 저는 연관성을 찾으려 애를 쓰다가 생각난 것이 어렸을 때 거제도에 은행이 없어서 엄마 따라 충무에 간 적이 있다고 했습니다. 서로 가까운데 살았다며 알고보니 고향사람이나 다름없다면서 그때부터 그 분의 마음이 활짝 열리기 시작했습니다. 그러면서 하는 말이 "내 지금은 바빠서 못가고 나중에 교회 한 번 갈게~"라는 것입니다. 교회 오시라고 초대하지도 않았는데, 먼저 교회 온다는 말을 한 것입니다. 제가 온 목적을 이미 다 알고 있었겠죠. 여기서 중요한 건 그 분과의 연관성을 찾고 복음을 전하기 전에 먼저 제가 그 분에게 좋은 사람이 되어야 한다는 것입니다.

▶ 복음에 대해 흥미를 느끼게 하라

우리가 사는 이 시대는 이제 선포만 해서는 안된다. 물론 전도(복음)은 선포(Kerygma, 케리그마)이다. 하나님의 말씀이기 때문에 선포해야 한다. 그러나 이제 우리는 복음에 관심을 갖게 만들어야 한다. 사람들에게 더 효과적으로 복음을 전하기 위해 그리고 어떻게 복음을 전해야 할지 또 그들이 무엇을 믿고 있는지 알기 위해, 우리는 가장 먼저 경청하는 훈련을 해야 한다. 이 경청을 통해서 우리는 전도 대상자가 무엇을 믿고 신뢰하고 있는지를 파악할 수 있고, 전도 대상자와 좋은 관계를 맺게 하며 상대방을 편안하게 해준다.

또한 믿지 않는 친구들과의 대화를 통해 마음을 열 수 있는 좋은 기회들을 만들 수 있고, 복음 전할 수 있는 기회도 만들 수 있다. 복음을 전하기 위해 경청이 필요한 것이다. 그러면서 우리는 전도 대상자의 얘기를 통해 진단된 자료들을 머릿속에 저장하고 이 사람이 "불신자"인지, "성도"인지, "믿다가 낙심한 사람"인지를 알 수 있게 된다. 예를 들어 믿지 않는 사람이라는 진단이 되었을 때 한 가지 질문을 던진다. "다른 고전적인 책들은 의심 없이 받아들이면서 왜 성경은 믿지 않습니까?"

▶ 일관성과 지속성으로

이제 믿지 않는 사람들도 어느 정도 교회에서 하는 전도 패턴을 알고 있다. "오후 1시쯤 전도 나오고, 전도용품은 물티슈로 하고, 이렇게 전도하다가 몇 번 거절하면 오지 않는다."
시간은 좀 오래 걸리겠지만 전도 대상자에게 신뢰를 쌓을 수 있어야 한다. 비가와도, 덥거나 추워도 전도하는 그 장소는 평생한다는 각오로 지켜야 한다. 그곳에 있는 분들과의 약속이다. 그러할 때 복음 전할 수 있는 기회가 생긴다.

잘 뛰기 위해서는 걷는 법부터 배워야 한다. 걷기 위해서는 넘어짐을 배워야 비로소 일어서 걸을 수 있다. 넘어짐이 없이는 걸을 수가 없다. 여러분이 전도를 할 때 여러 가지 영적인 공격들이 있을 수 있지만 그 중에서 "나는 안돼", "나는 할 수 없어"라고 말하는 패배감이 전도를 못하게 만든다. 전쟁에서도 심리전이 있듯이 심리 상태를 무너뜨려서 행동하지 못하게 만든다. 전도는 영적 전쟁이다. 여러분의 마음 상태는 어떠한가? 요즘 전도 안되는 시대야 하며 형식적인 전도인으로 있는가? 아니면 하나님이 함께 하시면 할 수 있다! 고 선포하며 믿음의 길을 걸어가고 있는가? 생각이 부정적이면 절대 믿음의 행동이 나올 수 없다. 믿음은 행동을 통하여 삶으로 증명해 보여야 한다. 이제 다시 일어나자! 여러분들의 삶속에서 일관성과 지속성을 갖고 전도해 나간다면 여러분들이 복음을 전할 때 풍성한 대화를 나누며, 마음문을 열게 하며 하나님의 일하심을 경험하게 될 것이다. 성령님을 의지하기 바란다.

우리교회 긴급 진단!
▶ 새신자가 교회를 떠나는 이유!

어떤 사람은 목사님 설교에 문제가 있다고 한다. 돈을 너무 강조 하거나, 자신의 삶과 동떨어진 설교로 와닿지 않는 다는 것이다. 그러나 그 외에 다른 원인들이 있다는 것을 기억해야 한다. 아주 사소한 일들로 새신자가 교회를 떠날 수 있다. 예를 들면, 주차 문제로 다투는 경우, 남의 차에 흠집을 내놓고서도 메모 한 장 없이 슬쩍 도망가는 사람, 예배 중에 팔짱끼고, 다리를 꼬고 있는 사람, 식당에서 새치기하는 사람, 예배 시간에 핸드폰 게임하는 사람, 화장품 또는 향수를 너무 진하게 뿌려서 두통까지 유발하는 사람 등 실제로 새신자들의 입장에서 보면 교회에 정착하지 못하는 이유들이 더 있다는 것을 알 수 있다.

구원받은지 얼마 안되었는데 직분을 준다든가, 새신자 양육이 너무 길어서, 목회자가 너무 사치스러워서, 친척이나 아는 사람끼리 똘똘 뭉친 교회, 계단이 너무 많아서 나이드신 분이나 장애인들이 오기 힘들다. 음향소리가 너무 커서 귀가 아파서, 예배실이 너무 어둡거나, 냉,난방이 되지 않아서 등이다.

또한 교인들에게 실망하는 경우도 있다. 돈을 빌려서 갚지 않는다거나, 시간약속을 지키지 않고, 습관적으로 거짓말하고, 기본적인 교통질서도 지키지 않고, 교회에서 개인 사업을 한다거나, 사랑한다고 말하면서 흉을 보는 사람, 기도해준다고 하면서 비밀을 누설하는 사람들이다.

● 우리 교회에 새신자가 정착하지 못하는 이유가 뭐라고 생각하는가?

● 우리 교회에 새신자를 머무르게 하는 힘! 그것이 무엇인가?(우리교회 자랑)

II. 복음 메시지

EVANGELIST

가. 마음열기 : 일상적 대화 ☞ 교회이야기 ☞ 간증
나. 신뢰감 형성 : 지속적인 만남 ☞ 기회 찾기 ☞ 감동주기

- **하나님**: 하나님의 사랑의 하나님이시지만 의로우신 분이셔서 우리의 죄를 벌하실 수밖에 없으십니다.
- **예수님**: 예수님은 인간이신 동시에 하나님이십니다. 죄가 없으신 분이시지만 우리를 구원하시기 위해서 십자가에서 죽으시고 부활하시고, 다시 오시겠다고 약속하셨습니다.
- **인간**: 모든 인간은 죄인입니다. 죄인은 천국에 갈 수 없습니다.
- **믿음**: 우리가 구원 받기 위해서는 오직 예수님만 믿어야 합니다.
- **천국**: 천국이 있습니다. 돈, 공로, 착한 일로 갈 수 있는 곳이 아닙니다. 천국은 하나님께서 선물로 주셨습니다.

🕊 영접기도

사랑의 하나님! 저는 죄인입니다.
지금까지 저는 제 자신과 세상을 믿고 살아왔습니다.
지금 이 시간 저의 모든 것을 내려놓고, 저의 죄를 회개합니다.
예수님이 저의 죄 때문에 십자가에서 죽으시고 부활하심으로
저의 모든 죄를 해결해 주심을 믿습니다.
지금 이 시간 제 마음의 문을 열고
예수님을 나의 구주, 나의 하나님으로 영접합니다.
이제부터 제가 하나님의 자녀로 살아가도록 인도해 주세요.
예수님의 이름으로 기도합니다. 아멘

Ⅲ. 전도장소 선정, 전도전략 세우기

EVANGELIST

"많은 사람들을 만날수록 태신자가 많이 만들어진다.
전도훈련 받는 기간 동안 최대한 사람들을 많이 만나자."

전도 할 장소를 선정하기 위해서는 일단 현장에 나가서 전도를 해봐야 가장 정확하게 알 수 있다. 그 장소가 장사에 방해가 되는지, 차량통행을 막고 있는 건 아닌지, 유동인구는 어떻게 되는 지, 테이블 설치는 가능한지 등 직접 현장에서 점검한 뒤 장소를 선정한다. 그러나 전도를 하다보면 더 좋은 곳이 생길 때도 있다. 처음에는 최적의 장소를 찾기 위해 움직일 수 있으나, 한 번 결정이 나면 되도록 바꾸지 말고 지속적으로 계속 해야 한다. 일관성과 지속성 없이 하게 되면 신뢰 쌓기가 어렵고, 자리를 옮기면 또 처음부터 다시 시작해야 한다.

그리고 가능하면 지도를 구입하여 방문지역을 표시해서 겹치지 않도록 하는 것이 좋다. 요일별로 지역과 대상을 정한다. 화요일은 마트 앞, 수요일에 학교앞, 목요일은 상가전도, 금요일은 병원전도 등 전도장소와 대상을 정했다면 꾸준하게 전도해야 한다. 비가 오더라도 다음으로 미루면 안 된다. 미루는 것이 습관이 되지 않도록 적당한 선에서 계획을 짠다. 첫 방문 시에는 전도지를 전달하며, 작은 선물을 함께 주는 것이 좋다. 지역에서 가장 부지런하고 친절한 사람으로 먼저 인정 받도록 노력해야 한다.

● 전도장소 선정

1. 조별로 교회주변을 돌아보며 가장 적합한 전도 장소를 선택한다.
2. 기존에 전도하고 있는 장소가 있다면 그대로 해도 된다.
3. 테이블 설치 가능한지, 유동인구는 어떠한지, 전도용품과 차 전도 시 주변 상가에게 불편함을 주지 않는 지 등 꼼꼼히 살펴본 후 결정한다.

● 우리교회 노방전도 장소는?

● 그 이유는?

● 전도전략은?

EVANGELIST

전도팀활성화프로젝트　**둘째 주**

▶ 찬양 1. 주님 다시오실 때까지

▶ 찬양 후 중보기도

1. 주님! 저희에게 복음을 전하라는 사명을 주셨는데 중간에 절대 포기하지 않게 해주시고, 8주간의 훈련 또한 끝까지 완주할 수 있게 하옵소서.
2. 이 길은 저 혼자 갈 수도 없고 가서도 안되는 길인데, 옆에 있는 집사님, 권사님들도 함께 복음을 위해 사는 동역자가 되도록 인도하옵소서(옆 사람 손을 잡고 기도)

▶ 찬양 2. 죄에서 자유를 얻게함은

▶ 찬양 후 중보기도

3. ㅁㅁ 지역의 악한 어둠의 세력이 떠나가고, 이단과 불신앙이 떠나가도록 예수님의 보혈로 덮어주시고, 거룩한 ㅁㅁ지역이 되게 하옵소서.

죄에서 자유를 얻게함은

1. 죄에서자유를 얻게함은 보혈의능력 주의 보혈
2. 육체의정욕을 이길힘은 보혈의능력 주의 보혈
3. 눈보다더희게 맑히는것 보혈의능력 주의 보혈
4. 구주의복음을 전할제목 보혈의능력 주의 보혈

시 험을이 기고 승 리하니 참 놀 라운능력이로 다
정 결한마 음을 얻 게하니 참 놀 라운능력이로 다
부 정한모 든것 맑 히시니 참 놀 라운능력이로 다
날 마다나 에게 찬 송주니 참 놀 라운능력이로 다

후렴

주의 보 혈 능력있도다주의 피 믿으 오

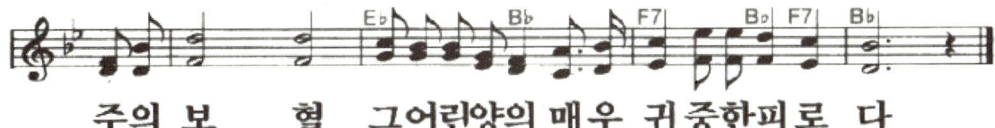

주의 보 혈 그어린양의 매우 귀중한피로 다

▶ 세 분 이상씩 찾아가서 허깅 하세요.

▶ 찬양 3 하나님께서 당신을 통해

▶ 찬양 4 축복의 통로

하나님께서 당신을 통해

축복의 통로

남자는 남자끼리, 여자는 여자끼리
또는 남자/여자는 악수하며
"능력 전도자가 되세요"
축복하겠습니다.

I. 전도이론

EVANGELIST

"이런 전도자가 되라"

구원의 확신을 재확인

복음을 전파해야 하는 전도자로서 가장 중요한 첫 번째 출발은 바로 내 안에 구원의 확신을 재확인 하는 것이다. 예수 그리스도를 나의 구주, 나의 주님으로 확실히 믿는 성도가 되어야 한다. 하나님 앞에서 자신의 죄를 철저히 자복하고 회개하며, 예수 그리스도께서 나의 죄를 위해 십자가에서 죽으시고 부활하신 사실을 믿어야 한다. 이러한 기본적인 구원의 확신 없이는 복음전도자로서 자격을 갖출 수 없다. 물론 구원의 확신이 없는 전도자가 복음전하는 그 자리에 있는 것도 귀하고, 그렇게 복음을 전하다가 은혜 받는 경우도 있긴 하다. 하지만 어디까지나 참된 복음전도자가 되기 위해서는 내 안에 구원의 확신이 없이는 복음 전하는 것이 쉽지가 않다. 내 안에 구원의 확신이 있을 때 언제 어디서나 담대하게 내가 만난 주님을 증거할 수 있기 때문이다.

복음전도자는 지식이나 물질, 명예, 건강함을 자랑하는 것이 아니다. 오직 하나님의 아들 예수 그리스도께서 이 세상에 영원한 생명을 주시기 위해서 오셨다는 것을 선포하는 것이다. 성도들이 구원받은 것은 행위가 아니라 믿음의 결과이기 때문에 자랑할 수 없고, 단지 하나님의 선물이라는 것을 잊지 말아야 한다.

복음 전도자가 되어 복음을 전하려 할 때 가장 머뭇거리게 만드는 것 중에 하나는 내 생활이 온전하지 못하다는 자신의 연약한 모습에 집착되어 있기 때문이다. 그리고 구원받기 이전에 삶을 끄집어 내면서 사단은 계속해서 "너 형편을 봐, 너 생활을 봐" 하며 좌절시키며 복음 전파를 못하게 가로 막는다. 복음 전도자는 완전할 수 없지만 완전하게 하실 예수 그리스도를 바라보며 복음을 전해야 한다. 복음 전도자가 변화되고 능력있고 세상에서도 내세울 수 있는 물질의 부유함이 있으면 물론 도움은 되겠지만, 복음 전도자는 자신의 생활을 전하는 게 아니라 오직 예수님만 전하는 것이다.
그러므로 복음 전도자는 가장 먼저 예수 그리스도를 통한 구원의 확신과 하나님을 향한 뜨거운 사랑이 내 안에 가득 차 있어야 한다.

전도와 함께 준비되어야 하는 것 - keeping power!

전도만큼 중요한 것은 기도이고 성령의 역사이다. 자, 그렇다면 그 다음에 무엇을 준비해야 할까? 우리는 전도에만 너무 치중한 나머지 그저 전도 대상자가 교회에 한 번이라도 오기만을 바라고 기대한다. 그렇게 전도해서 전도 대상자가 교회에 나왔다고 가정 하자. 그런데 정작 교회에서는 그 새신자를 맞이할 준비가 하나도 되어 있지 않다면 이 새신자가 교회와서 받는 느낌은 어떨까? 다음 주에도 나올까? 아니면 나오지 않을까? 그래서 우리는 전도만큼 중요한 것이 그릇이다. 그것을 다른 말로 머무르게 하는 힘(keeping power)이라고 할 수 있다. 어른 한 분이 교회 처음 오셨는데, 30분을 머물 수 있게 하는 힘, 여러분의 교회는 무엇을 준비하고 있는가? 청년, 또는 청소년, 유초등부 아이들이 교회에 초대 되어 왔는데, 30분을 편안하게 머물 수 있게 만드는 그릇이 준비되어 있는가?

누가복음에 보면 마리아와 마르다 이야기가 나온다. 마르다는 음식 준비에 바빠서 예수님에 대한 관심을 가지지 못했다. 가장 중요한 것을 놓친 것이다. 이러한 일은 오늘날 많은 교회에서도 똑같이 일어나고 있다. 교회에 가니 전도한 사람은 교회 일로 바쁘고, 새신자는 혼자 우두커니 앉아 있다가 어색해서 조용히 빠져 나간다. 새신자를 정착시키기 위해서는 무엇보다 그들에게 많은 관심을 갖고 교회에서 그들을 맞이하고 정착할 수 있도록 초점을 맞춰야 한다.
우리 교회에서 새신자들이 예배와 기도를 드리는 데 방해하는 요소는 무엇일까? 새신자들이 소외감을 느끼는 이유가 무엇일까? 기존 성도들이 너무 바쁘고 여유가 없으면 새신자는 정착하기 어렵니다. 사랑과 우정을 함께 쌓을 수 있는 시간들이 절대적으로 필요하다.

플레빌 이클레이 교수에 의하면 교회성장과 전도는 교회의 "머무르게 하는 힘"(keeping power)에 달려 있다고 한다. 머무르게 하는 힘은 바로 우정과 친절이다. 그 교회에 정착하는 새신자들의 대부분은 회심 전에 이미 6명 이상의 신자를 친구로 가지고 있다. 주님을 영접했는데도 교회에 정착하지 못하는 새신자들은 대체로 친구가 거의 없거나 한두 명에 불과하다는 것이다. 새신자를 아웃사이더(소외자)가 아닌 인사이더(소속자)로 받아들이는 실제적 지침에는 다음과 같은 것이 있다.

플레빌 이클레이 교수의 〈머무르게 하는 힘〉 Keeping Power

① 자신들끼리만 아는 농담이나 은어를 피하라.
② 손님이나 늦는 사람을 위해 여유있는 좌석을 준비하라.
③ 그룹을 나눌 때 친한 사람들끼리만 모이게 하지 말고 인위적으로 섞어서 나누라.
④ 소그룹이 시리즈 성경공부를 할 때는 항상 이전 것을 간단하게 복습하는 시간을 가지라.
⑤ 그룹의 일부분에게만 해당하는 계획이나 행사를 피하라.
⑥ 본인들의 의사와 관계없이 기도를 시키거나 성경을 읽게 하지 말라.
⑦ 새신자들의 필요를 채우는 토론을 전개하라.
⑧ 30~40명되는 너무 큰 그룹에 소속시키지 말라
⑨ 다양한 소그룹을 만들어서 취미가 같은 그룹으로 만들라.

II. 복음 메시지

EVANGELIST

가. 마음열기 : 일상적 대화 ☞ 교회이야기 ☞ 간증
나. 신뢰감 형성 : 지속적인 만남 ☞ 기회 찾기 ☞ 감동주기

- 인간: 모든 인간은 죄인입니다. 죄인은 천국에 갈 수 없습니다.
- 하나님: 하나님의 사랑의 하나님이시지만 의로우신 분이셔서 우리의 죄를 벌하실 수밖에 없으십니다.
- 예수님: 예수님은 인간이신 동시에 하나님이십니다. 죄가 없으신 분이시지만 우리를 구원하시기 위해서 십자가에서 죽으시고 부활하시고, 다시 오시겠다고 약속하셨습니다.
- 믿음: 우리가 구원 받기 위해서는 오직 예수님만 믿어야 합니다.
- 천국: 천국이 있습니다. 돈, 공로, 착한 일로 갈 수 있는 곳이 아닙니다. 천국은 하나님께서 선물로 주셨습니다.

영접기도

사랑의 하나님! 저는 죄인입니다.
지금까지 저는 제 자신과 세상을 믿고 살아왔습니다.
지금 이 시간 저의 모든 것을 내려놓고, 저의 죄를 회개합니다.
예수님이 저의 죄 때문에 십자가에서 죽으시고 부활하심으로
저의 모든 죄를 해결해 주심을 믿습니다.
지금 이 시간 제 마음의 문을 열고
예수님을 나의 구주, 나의 하나님으로 영접합니다.
이제부터 제가 하나님의 자녀로 살아가도록 인도해 주세요.
예수님의 이름으로 기도합니다. 아멘

III. 임팩트 대화법

EVANGELIST

1. 말하기가 두려운 이유?

우리는 전도뿐만 아니라 사회생활을 하다보면 "어떻게 저 사람은 말을 참 잘할까?", "처음 보는 사람인데 참 자연스럽게 말을 잘한다", "나는 인사하고 나면 할 말이 없는데, 도대체 무슨 말을 계속하는 거지?" 생각을 한다.

대부분 말하기가 두려운 이유는, 내 자신에 있다. "나는 원래 말을 못하는 사람이야" 하고 단정 지으며 포기한다. 또 하나는 "다른 사람들이 나를 어떻게 생각할까" 하는 불안이다. 그러나 생각 외로 사람들은 그렇게 생각하지 않는다. 그리고 마지막으로 "나와 다른 사람을 비교하는 데서 오는 불안"이다. 다른 사람들은 나보다 말을 잘한다. 라고 생각하며 말하는 것을 포기해버리고 듣기만 한다. 그럼에도 마음속에는 "나도 저 사람처럼 말을 잘하고 싶다"는 욕망이 있다.

2. 그렇다면 말을 잘하려면 어떻게 해야 할까?

첫 번째 방법은 모방이다.
말을 잘하는 사람들을 따라하는 방법이다. 그러나 주의 할 점은 자신과 맞지 않는 스타일의 사람을 목표로 정하면, 오히려 신뢰감을 깨거나, 흉내 내는 듯한 어색함을 줄 수 있는 역효과가 날 수 있기 때문에 주의해야 한다. 주변에 전도 잘하시는 분들과 함께 다니면서 전도하는 모습을 배우는 것도 큰 도움이 될 것이다.

두 번째 방법은 준비이다.
서서히 자신을 변화시켜가는 방법이다. 말하는 것의 특징은 '전달'이다. 머릿속의 생각을 그대로 상대방에게 전달할 수 있어야 한다. 대화를 하기 전에 화제를 삼을 만한 키워드나 중요한 몇 문장 정도는 준비하는 것이 대화에 도움이 된다. 그리고 대화를 하면서 상대의 반응과 상태를 확인하면서 상황에 맞게 대응해야 한다. 대화를 하는 상황에서 준비된 사람과 준비되지 않은 사람은 다를 수밖에 없다. 충분히 준비하는 것이 대화에 많은 도움이 된다. 그러므로 일반적인 대화를 이끌 만한 주제도 한번쯤 생각해서 준비하고, 그다음 자연스럽게 복음을 전할 수 있어야 하기에 복음 메시지도 함께 준비를 잘하고 있다면 전도 대상자와의 대화에서 훨씬 더 자신감이 넘칠 것이다.

세 번째 방법은 자신감이다.
물론 타고난 사람도 있겠지만 그건 말하기 능력에서 차지하는 비율은 크지 않다. 그러나 대화를 하며 자신감을 보인다면 이야기가 다르다. 자신감은 상대방에게도 확신을 심어주며 대화에 대한 두려움이 사라져 훨씬 더 많은 시간을 효과적으로 대화할 수 있다. 하나님께서 함께 하신다. 자신감을 갖자!

네 번째 방법은 정보활용이다.
정보를 어떻게 수집하고 활용하느냐에 따라 상대방에게 남겨지는 인상이 달라진다. 상대의 기억에 남는 자신의 모습이 긍정적일지 부정적일지는 여러분의 정보활용 기술에 달려있다. 전도를 하다보면 여러 곳을 가고, 여러 사람을 만나게 된다. 꽃집을 가든, 방앗간을 가든, 병원을 가든 그 분야에 기초적인 지식과 정보를 갖고 다가선다면 훨씬 더 다양한 대화들을 나눌 수 있을 것이다.

〈이숙영 아나운서의 대화의 기술〉

① 먼저 말하지 말고 들으라
② 눈을 마주치고 정성껏 귀를 기울이라
③ 웃는 얼굴로 맞장구치라
④ 겸손을 삼아 상대방의 마음을 열라
⑤ 적절한 칭찬으로 상대방을 무장 해제시키라
⑥ 나를 제물로 삼아 상대방을 웃기라
⑦ 대화 중 모르는 것은 모른다고 하라
⑧ 가까운 사이일수록 존중하라
⑨ 중언부언하지 말고 요점만 말하라
⑩ 책과 신문을 통해 다양한 목소리를 들으라

3. 임팩트를 남겨라!

사람들은 하루에도 수 십 명에서 수 백 명을 만난다. 대부분은 머릿속에서 잊혀져 버릴 것이다. 아무리 좋은 얘기들을 구구절절 늘어놓아도 전도 대상자가 마음을 닫고 받아들이지 않으면 다시 말해 기억에 남지 않으면 아무 소용이 없다.

물론 이 부분도 성령께서 역사하셔야만 가능한 부분이다. 그러나 우리가 해야 할 부분은 최선을 다해서 하자. 그것이 믿음이니까.

첫째, 완벽할 필요는 없다.

완벽한 대화(?), 복음 메시지를 외운 그대로 완벽하게 전달을 해야 할 필요는 없다. 복음의 뜻만 잘 전달될 수 있다면 약간의 실수와 부족함은 용인이 된다. 오히려 완벽하려고 할 때 우를 범하기도 하고, 주제에 벗어난 대화, 분위기를 딱딱하게 만들 수도 있기 때문이다.

결국 편안하고 솔직한 것 마음의 문을 열게 한다. 완벽할 필요는 없지만 임팩트는 남길 수 있어야 한다. 그래서 가능하다면 자신만의 말하기 스타일을 만들어 두면 좋고, 전도 대상자에게 어떻게 하면 임팩트를 줄 수 있을까? 나만의 전도방법을 만드는 것이 필요하다.

둘째, 근본을 꿰뚫어보는 통찰력을 키워라!

통찰력은 사물이나 현상을 예리하게 관찰하고 그 근본을 꿰뚫어보는 능력이다. 그렇다고 사람의 마음을 읽거나 보는 것을 의미하는 것은 아니다. 자세히 여러 면을 관찰하고 그것을 정보로 활용하는 능력이다. 이것은 노력만 하면 정보를 얻을 수 있다.

정보를 수집했다면 이제 전도대상자에게 이렇게 접근해보자.
① 전도 대상자가 좋아할 만한 칭찬을 하고
② 전도 대상자가 미처 생각하지 못했던 새로운 시각에서 상대를 바라보고
   그 분의 장점이나 매력을 이야기해준다.
③ 그리고 그 분야에 대한 일정한 수준의 전문 지식을 갖고 질문을 한다.
   (평소 사람들이 얘기하는 일반적인 질문이 아닌)

자, 칭찬으로 마음의 벽이 무너졌고, 자신을 특별하게 바라봐주는 상대에게 마음이 끌리는 것은 당연하다. 그럴 때 그 분야에 관심을 가져주면서 평소에 일반 사람들이 하지 않는 전문적인 질문을 할 때 상대방은 마음의 경계를 풀게 될 것이다.

1) 칭찬의 기술

칭찬을 할 땐 평소에 일반 사람들이 하지 않는 새로운 칭찬을 할 것
〈칭찬의 방법들〉 "상대의 변화를 절대 놓치지 말 것"

① 부러움을 표현하는 칭찬방법이다.
　자신과 비교하여 상대를 높여주는 칭찬이다. 부러움을 표시함으로 칭찬이라 더 진실하고 자연스러운 느낌을 준다.
　"어머~ 사장님! 여기는 올때마다 왜이렇게 손님이 많아요? 그 비결 좀 알려주세요."

② 질문을 통한 칭찬하는 방법이다.
　이런 말은 질문인 동시에 칭찬이 된다. 칭찬에 대답까지하면서 자연스럽게 대화로 이어질 수 있다.
　"우와~ 어머님! 이 옷 정말 멋지네요. 이 옷은 어디서 사셨어요?"

③ 타인을 통해 간접 칭찬하는 방법이다.
　상대에게 더 강한 효과를 낼 수 있다.
　"그 아버님은 제가 인정해요. 얼마나 성실하신지 평생을 한 직장에서 몸담아 오셨데요"

④ 긍정적인 칭찬하는 방법이다.
　좋은 단어를 넣어서 긍정적인 칭찬하는 방법으로 듣는 사람으로 하여금 마음을 편안하게 해준다.
　"○○야! 걱정하지마. 너는 평소에 남들보다 탁월한 감각이 있었잖아"

2) 조언

만약 조언을 하게 된다면 새로운 사고에 따라 조언을 하면 호기심을 불러일으킨다.

3) 통찰력

평소 세심한 관찰의 노력으로 얻은 높은 통찰력으로 한 두 마디의 말만으로도 상대의 마음을 얻을 수 있다.

예를 들면 꽃집에 전도하러 갔다. 보통 사람들은 "오늘 꽃이 많이 들어왔네요", "어머! 오늘 꽃이 참 이쁘네요"라고 말을 한다. 그러나 통찰력이 높은 사람은 "이 ㅁㅁ꽃이 언제 들어왔어요? 지난 주에 없었는데, 이 계절에는 이 ㅁㅁ꽃이 제일 많이 팔리고, 이 꽃말 이름이 ㅇㅇ죠." 즉, 이 꽃이 지금 왜 여기에 있는지 그 이유를 찾아낸다. 다시 말하면 통찰력이 높은 사람은 겉으로 보이는 것에 집중하는 게 아니라, 그 이유를 찾아낸다. 노련함이 마음의 문을 열게 한다.

4. "어떻게"와 "왜"로 대화를 이끌어 가라

대화에는 대화를 단절시키는 대화법이 있고, 대화를 계속 이끌어가는 대화법이 있다. 말을 잘 못한다고 생각하는 사람들은 대부분 대화를 단절시키는 질문을 하는 경우들이 많다. 그러한 질문들은 대부분의 대화에서 "예", "아니오" 또는 짧은 단어로 대답할 수밖에 없다.

예를 들면
A : 이 식당에서 일을 오래 하셨습니까?
B : 네 40년 정도 했습니다.
A : 손님이 많습니까?
B : 요즘 장사가 안돼요.
A : 집은 가깝습니까?
B : 네
A : 힘들지 않으십니까?
B : 네

아마 이 대화가 끝난 뒤 두 사람은 더 어색해질 가능성이 높다. 이 대화에서는 B라는 사람이 자신에 일에 대해 설명할 여지가 없었다. 그래서 "어떻게", "왜"를 묻는 질문이 필요하다. 질문을 조금 바꿔보겠다.

A : 이 식당에서 일을 오래 하셨습니까?
B : 네 40년 정도 했습니다.
A : 40년이라구요? 정말 오래 일하셨네요. 많은 일들이 있었겠어요. 그중에 기억에 남는 일들 하나만 말씀해 주시면 안될까요?

이런 질문을 했더라면 보다 더 열정적인 대답을 들을 수 있었을 것이다. 더 많은 이야기를 공유하고, 좀 더 가까운 사이가 되었을 것이다. 우리는 대화를 이끌어 가기 위해서 상대가 무엇을 좋아하는 지 어떤 사람인지를 먼저 파악해야 한다.

위에 질문은 시장 전도를 나갔을 때, 실제로 했던 질문들이다. 얼마나 많은 말씀들을 하시는지, 자녀들 둘을 다 키우고, 취업하고, 어디 살고, 남편은 무엇을 하고 있는지 많은 정보와 그분 인생의 배경들을 갈 때마다 들을 수 있었다. 결국 그 분에게 복음 메시지까지 전할 수 있었고, 그 자리에서 예수님을 영접하셨다. 상황과 상대에 맞게 질문을 할 수 있어야 한다. 상황과 배경과 말의 관계는 긴밀한 연관성이 있다. 마음의 문을 여는 대화를 해야 한다.

어떤 분이 세상을 떠나 장례식을 하게 되었습니다. 하관식을 하려고 친지들이 장지를 향해서 가고 있었는데 갑자기 버스 스피커에서 돌아가신 분의 목소리가 흘러나오는 것이었습니다. 많은 사람들이 경악했습니다. 이것이 어찌된 일인가 싶어 깜짝 놀라 귀를 기울여 그 내용을 들어보았습니다.

스피커에서 흘러나온 내용은 이렇습니다.
"여러분, 안녕하십니까? 저의 장례식에 오신 것을 환영합니다. 사람은 이렇게 한 번씩은 다 죽게 되어 있지요. 나도 죽음을 맞이하면서 후회되는 일, 그리고 아쉬운 일도 많았습니다. 그런데 그러한 모든 일들을 되새겨보니까 다 헛된 것이었습니다. 인생에서 제일 중요한 것은 믿음입니다. 나는 지금 예수님을 믿어 천국으로 갑니다. 여러분들도 부디 예수를 잘 믿으셔서 천국에서 모두 만나게 되기 바랍니다."

이렇게 말하고 난 다음에 심지어 농담까지도 한 마디 건네는 것이었습니다.
"한 가지 노파심에서 하는 말인데, 장지에서 주는 밥, 공짜라고 너무 많이 먹어 배탈나지 마십시오. 그리고 내 죽마고우인 이집사, 나하고 장지에 갈 때마다 음식을 꼬불쳤는데 오늘은 제발 그런 짓 하지 마시오. 그럼 나중에 천국에서 봅시다." 그러면서 '껄껄껄' 웃는 것으로 끝이 났습니다.

사실은 이 분이 돌아가시기 직전에 장지에 가는 사람들에게 틀어주라고 녹음했던 내용이었습니다.
이 이야기를 듣고 많은 사람들이 충격을 받았고 또 그때의 전도 메시지를 잊지 못해서 많은 사람들이 예수를 믿게 되었다고 합니다.

똑같은 내용의 말과 행동이라고 해도 상황에 따라서 그 호소력이 달라진다는 것입니다.
말이라는 것은 그 배경과 상황이 중요합니다. 장지로 가는 차 안에서, 죽은 사람의 목소리를 듣는다는 것은, 살아있는 사람이 옆에서 이야기하는 것과는 다른 의미로 다가옵니다.

Ⅳ. 간증 준비하기

EVANGELIST

간증은 복음을 전할 때 아주 유용하게 사용된다. 간증을 통해서 반대 의견들을 미리 차단할 수도 있고, 간증을 통해서 복음을 듣고 싶은 욕망이 생기기도 한다. 복음을 효과적으로 전하기 위해서는 먼저 분명하고도 강력한 개인간증이 필요하다.

개인간증은 자신의 체험담이기 때문에 전하기가 쉽다. 간증할 때 주의할 점은 예수님을 만나기 이전의 삶을 강조하는 것이 아니라, 예수님을 믿고 변화된 구원에 초점이 맞춰져 있어야 한다. 또한 전도 대상자의 삶과 일치 시켜야 한다. 전혀 동떨어져 있는 내용은 관심이 없다. 간증을 할 때는 구체적으로 말해야 하며, 믿지 않는 사람들이 잘 알아듣지 못하는 용어들은 피하는 게 좋다.(할렐루야, 아멘 등) 그리고 개인간증은 3-5분 내외로 짧게 하는 것이 좋다. 우리의 목적은 간증이 아니라 복음제시에 있기 때문이다.

간증을 나누기 전에 전도 대상자의 문제를 발견하라.
① 생의 목적과 의미 상실
② 기쁨과 행복, 웃음이 없음
③ 고독, 공허, 좌절감
④ 평안이 없음
⑤ 죽음에 대한 두려움, 공포
⑥ 삶에 대한 불만
⑦ 권태, 우울증, 자기 비하
⑧ 부부 문제, 자녀 문제
⑨ 습관적인 죄로 인한 죄의식
⑩ 음주 문제

간증을 나눌 때는 전도 대상자에 맞는 간증을 함으로써 도움이 된다. 자신이 경험하지 않은 문제를 상대가 갖고 있다면 그리고 그것을 어떻게 극복했는지도 알려준다면 전도 대상자에게 큰 위로가 될 것이다. 그러나 간증의 핵심인, 그 문제의 해결은 오직 예수 그리스도께 있다는 것을 자연스럽게 알려줘야 한다.

또한 간증을 나눌 때는 세 부분으로 나누어서 말해야 한다.
예수님을 만나기 전의 삶과 예수님을 믿게된 동기 그리고 예수님을 믿고나서 변화된 삶이다. 절대 설교하듯 해서는 안되고, 가르치려 해서도 안된다. 전도 대상자의 눈을 마주치면서 상대방의 흥미를 불러 일으켜야 한다. 그렇다고 없는 것을 지어내서 말해서는 안된다. 하나님께서 하신 일 외에는 말하지 말아야 한다. 그 간증의 주체가 '내'가 되어서는 안된다. 그리고 간증을 마친 후에는 항상 기도하면서 성령께서 역사하시기를 기대해야 한다.

※ 간단히 기록하고 나눠보자.

1. 예수님을 믿기 전의 삶

2. 예수님을 믿게 된 배경

3. 예수님을 믿은 후의 변화된 삶

개인 간증문 (1)　　(　　)조　　이름 (　　　　　)

제출용

개인 간증문 ⑵ (　　)조　이름(　　　　　　)

V. 오늘의 미션

"많이 만나기"
"우리교회 알리기"

VI. 전도 후 피드백

● 함께 간 조원들은 누구누구인가?

● 어느 장소에서 전도를 했는가?

● 어떻게 전도를 시도했는가?

● 결과 – 반응은 어떠했는가?

● 전도하면서 느낀점은?

Ⅶ. 전도일기 쓰기

EVANGELIST

□ 날 짜 :　　　　　□ 조 :　　　　　□ 이름 :
□ 동행자 :　　　　　　　　　　　　　□ 장소 :

Ⅶ. 전도일기 쓰기

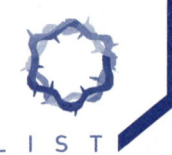

EVANGELIST

□날 짜 :	□조 :	□이름 :
□동행자 :		□장소 :

EVANGELIST

전도팀 활성화 프로젝트　**셋째 주**

▶ **찬양 1.** 십자가의 전달자

▶ **찬양 후 중보기도**

1. 주님! 제가 이제 복음을 위해 살기로 결단했는데, 벌써부터 영적 공격이 옵니다. 사람들 만나는 것이 두렵고, 이렇게 해서 될까? 라는 부정적인 생각도 들고, 전도를 내려놓고 싶을 정도로 힘들고, 어렵습니다. 그러나 주님! 살아도 주를 위해 살고 죽어도 주를 위해 죽기로 결단하였사오니, 이 마음 이 결단이 변하지 않도록 도와주십시오.

2. 옆에 있는 집사님, 권사님에게도 중간에 포기하지 않고 끝까지 함께 훈련받고 전도할 수 있도록 우리의 마음을 붙들어 주옵소서. (옆 사람 손을 잡고 기도)

▶ **찬양 2.** 온 세상 위하여

▶ **찬양 후 중보기도**

3. 하나님! 아직도 이 ㅁㅁ 지역에 예수님을 듣지도 알지도 못하는 사람들이 있습니다. 저희 교회를 통하여 이 지역에 모든 사람들이 예수님 믿게 하여주시고, 이 지역이 우리 교회로 인하여 복음의 역사가 다시금 일어나게 하여 주옵소서.

▶ 세 분 이상씩 찾아가서 허깅 하세요.

▶ 찬양 3 하나님께서 당신을 통해

▶ 찬양 4 축복의 통로

하나님께서 당신을 통해

축복의 통로

남자는 남자끼리, 여자는 여자끼리

또는 남자/여자는 악수하며

"능력 전도자가 되세요"

축복하겠습니다.

I. 전도이론

EVANGELIST

"이런 전도자가 되라"

성령을 의지함

전도에는 여러 가지 방법론들이 있고 훈련이 있고 교재들이 있다. 그러나 그 모든 것을 다 섭렵했다 할지라도 다 되는 것이 아니다. 그 프로그램이 우리교회와 내 삶에 정착하게 만드는 것도 아니다. 단지 도구일 뿐이다. 그래서 우리는 절대 잊지 말아야 할 사실이 있다. 전도는 영적인 일이기 때문에 기도와 전도는 절대 뗄 수 없다는 것과 우리에게 능력을 주셔서 사람들의 마음과 삶을 완전히 바꿔 놓을 수 있는 분은 성령님이라는 것이다. 성령님은 여러 가지 방법으로 역사하신다.

첫째, 성령님은 우리가 능력있게 말할 수 있도록 역사하신다.
(고전2:4) 내 말과 내 전도함이 설득력 있는 지혜의 말로 하지 아니하고 다만 성령의 나타나심과 능력으로 하여

성령님의 역사를 철저하게 의존해야 함을 분명하게 기록하고 있다. 사도 바울의 말을 통하여 사람들이 자신들의 죄를 깨달을 수 있도록 성령께서 역사하셨던 것이다. 따라서 우리가 성령충만을 받는 다면 우리가 하는 말도 말의 지혜와 아름다움이 아닌 성령의 능력으로 강력한 영향을 끼칠 수 있다.

둘째, 성령님만이 사람의 죄를 깨닫게 하실 수 있다.
(요16:8) 그가 와서 죄에 대하여, 의에 대하여, 심판에 대하여 세상을 책망하시리라

연습하고 훈련하는 말 그 자체에는 아무런 능력이 없다. 단지 도구일 뿐이다. 그 말로는 어떤 사람도 구원하지 못한다. 구원은 하나님만이 하실 수 있다. 성령께서 그 사람들의 마음을 만지셔서 죄를 깨닫고 예수님께로 돌아올 수 있게 하실 수 있다.

셋째, 성령님만이 구원받은 자로 변화시키실 수 있다.
(요3:5) 예수께서 대답하시되 진실로 진실로 네게 이르노니 사람이 물과 성령으로 나지 아니하면 하나님의 나라에 들어갈 수 없느니라

오직 성령님만이 사람을 죄에서 구원받은 자로 변화시킬 수 있다.

넷째, 성령님은 우리에게 거룩한 삶을 살도록 우리를 도우신다.
(빌1:14) 형제 중 다수가 나의 매임으로 말미암아 주 안에서 신뢰함으로 겁 없이 하나님의 말씀을 더욱 담대히 전하게 되었느니라

바울이 감옥에 갇혀 있을 때, 더 겁 없이 하나님의 말씀을 담대히 전했다. 주 안에서 신뢰했기 때문이다.
여러분과 저는 지극히 연약한 한 사람이지만 동시에 하나님께서 사용하기 원하시는 존재라는 것도 잊지 말아야 한다. 그러므로 너무 결과에 집착하지 말고 압박감을 갖지 말아야 한다. 궁극적으로 일하시는 분은 성령님이시고, 우리는 도구일 뿐이다. 주께서 일하실 수 있도록 더 순종하고 믿음으로 전도해야 한다. 결론적으로 전도는 성령께서 우리에게 능력을 주셔서 우리로 하여금 복음을 전하게 하고, 우리의 삶은 말과 행동이 일치한 복음적인 삶을 살아가야 한다. 이 두 가지 모두가 중요하다.

(고전12:4) 성령으로 아니하고는 누구든지 예수를 주시라 할 수 없느니라

전도 나가지 말아야 할 10가지 이유 VS 전도 나가야 할 1가지 이유

□□시장에 몇 개월째 한 주도 빠지지 않고 전도를 나갑니다. 그런데 8월 휴가철이라 함께 전도를 나갈 분이 아무도 안계셔서 전도를 나갈까 말까 고민할 때, 나가지 말아야 할 이유가 너무나 많았습니다. 그러나 딱 한 가지 이유 때문에 혼자서 전도를 나갔습니다. "주께서 제가 복음을 전하기 원한신다"는 이 한 가지 마음입니다. 그래서 혼자 전도용품들을 챙기고 □□시장에 나갔습니다. 전도용품을 내려 놓으니 어떤 아주머니 한 분이 오셔서, "혼자 나왔는교?" 묻습니다. "네 혼자 나왔습니다.", "와 혼자 나왔는교?", "다 휴가가서 혼자 나왔어요.", "내가 이거 지켜줄테니까 주차하고 오이소" 주차하고 그 아주머니는 가셨습니다.

혼자 나가면 테이블에서 전도할 사람이 없기에, A4용지에 "무료입니다. 마음껏 드시고, 힘내세요. – 부곡순복음교회" 붙여 놓고, 저는 종이컵에 음료를 담아서 상가 전도를 나갔습니다. 그런데 다녀오니 종이컵에 음료가 다 따라져 있는 것입니다. 주변을 돌아봐도 저와 눈 마주치는 사람이 한 사람도 없었습니다. 그래서 또 전도를 다녀오니 또 음료가 따라져 있는 것입니다. 이번에는 전도를 나갔다가 빨리 들어왔습니다. 와서 보니 승려복입은 아주머니가 제가 혼자 나온 것을 보고 도와주고 있었던 것입니다. "목사님 혼자 나온 것 같아서 도와주고 있었다며, 내가 지금 교회는 못가도 이건 도와 줄테니 어서 전도하고 오세요" 그럽니다.

그렇게 전도를 마치고 음료가 10여 잔이 남았는데, 지나가시는 분들에게 드려도 받지를 않는 겁니다. 그러더니 맞은편 과일집 아주머니가 오시더니 "목사님 와 아무도 안받습니까?", "쥐보이소! 교회에서 공짜로 주는 건데 안먹고 지랄이야~"하며, 그 분이 "아지매~ 일로 와보소! 부곡순복음교회에서 나눠주는 거니까 마시소! 이 분은 이지훈 담임목사님이시고, 부곡순복음교회에서 나눠주는 거다."라고 말씀하시면서 전도를 해주시는 것입니다. 이 분도 몇 개월 동안 우리가 전도하는 것을 보고서 다 습득하신 것 같았습니다.

그렇게 성령께서 역사하시는 전도를 하고 나서 교회 돌아와서 전도용품을 들고 올라가다가 계단에서 넘어졌는데, 자빠졌다는 표현이 맞을 겁니다. 리빙박스 안에 있는 용품들이 다 나뒹굴어 지고 엉망이 되었는데도 너무나 기뻤다는 것입니다. 혼자가 아니라 성령께서 역사하심을 경험한 행복한 전도였습니다.

전도자로서의 변화됨

요한복음 4장에 보니까, 예수님이 혼자 계실 때 제자들이 돌아왔다. (31절) "그 사이에 제자들이 청하여 이르되 랍비여 잡수소서" 라고 했더니, 예수님은 이런 말씀을 하신다. (32절) "이르시되 내게는 너희가 알지 못하는 먹을 양식이 있느니라" 영적으로 깨어있지 않으니까 예수님의 말씀이 이해가 되지 않은 것이다. 그러니 제자들은 또 이런 말을 한다. (33절) "제자들이 서로 말하되 누가 잡수실 것을 갖다 드렸는가 하니" 제자들이 알아듣지 못하니까 예수님은 이렇게 말씀하신다. (34절) "예수께서 이르시되 나의 양식은 나를 보내신 이의 뜻을 행하며 그의 일을 온전히 이루는 이것이니라" 무슨 뜻인가? 1절부터 보면, 예수님은 사마리아 여자 한 사람을 전도했다. 그 여인이 예수님을 믿고 기뻐하는 것을 보니까, 배가 고프지 않다는 것이다.

우리도 복음을 전하다보면 그 사람이 예수님을 믿겠다 또는 교회 가겠다고 말하면 밥 안먹어도 배부르지 않는가? 그 영혼이 변화되어 예수님을 인격적으로 만나서 변화된 삶을 살아갈 때, 우리는 밥 안먹어도 배부르지 않는가? 전도자에게 있어서의 기쁨과 양식은 바로 이런 것이다. 이것이 바로 예수님의 기쁨이었다.

여전히 알아듣지 못하는 제자들을 향해서 예수님은 이렇게 말씀하신다.
(35절) "너희는 넉 달이 지나야 추수할 때가 이르겠다 하지 아니하느냐 그러나 나는 너희에게 이르노니 너희 눈을 들어 밭을 보라 희어져 추수하게 되었도다"

쉽게 말하면, "너희들은 지금 눈을 들어 밭을 봐라 저렇게 희어져 추수할 것이 많은데, 너희들은 밤낮 모여서 서로 잘 낫다 하고, 정죄하기 바쁘지 않느냐? 너희들이 정말 해야 할 것은 저런 죽어가는 영혼을 건져내는 것이다."

밭이 얼마나 희어졌는지 보려면 어떻게 해야 할까? 전도현장에 나가보면 안다. 현장에 가서 복음을 증거하다 보니까 무엇이 필요한지도 알고, 전도가 얼마나 하나님이 기뻐하시는 일인지도 알게 되는 것이다.

자 그럼 우리가 여기서 주목해야 할 것은? 수가 마을 사람들이 예수님을 믿게 된 것은 여인이 전한 말 때문일까?
(42절) "그 여자에게 말하되 이제 우리가 믿는 것은 네 말로 인함이 아니니 이는 우리가 친히 듣고 그가 참으로 세상의 구주신 줄 앎이라 하였더라"

그들이 직접 예수님을 만나 말씀을 들으면서 믿게 된 것이다.

지금 전도자로서 우리가 해야 할 일은 사마리아 여인처럼 우리는 세상 사람들을 주님께로 인도하는 다리 역할을 담당해야 한다. 세상 사람들에게 예수님을 소개하고 그들을 예수님께로 데려와야 한다. 그러면 예수님은 그들이 믿도록 역사하실 것이다. 즉 복음을 듣게 해야 한다는 것이다. 예수님을 만나기만 하면 믿을 수 있도록 성령님이 역사하신다. 가장 먼저 한 사람만 변화되면 된다.

변화되어 가는 생활

다른 종교에서는 행위를 통해서 구원받는다고 주장해서 어떻게 보면 그것을 따르는 사람들은 자신의 삶에 그저 최선을 다해서 살아가면 된다. 그러나 기독교는 행위가 아니라 믿음으로 구원받는다. 그렇다고해서 우리가 구원 받고난 후에 우리의 행위를 소홀히 해서는 안된다. 구원은 예수 그리스도를 믿음으로 받는 하나님의 선물이지만 구원 이후에 행위는 우리가 예수님을 닮아 온전하게 변화되어 가는 성화의 과정이 필요하다. 그래서 사도바울은

빌립보서 2:12에서 "그러므로 나의 사랑하는 자들아 너희가 나 있을 때뿐 아니라 더욱 지금 나 없을 때에도 항상 복종하여 두렵고 떨림으로 너희 구원을 이루라"고 말하고 있다.

복음전도자로서 복음을 전할 때 나의 변화되어가는 생활을 보여주는 사람은 하나님께서 기뻐하시는 사람일 뿐만 아니라 믿지 않는 사람들에게도 복음을 전할 수 있는 좋은 기회들이 될 수 있다. 완벽한 인간은 없고 인간의 힘으로 불가능하지만 하나님을 의지하며 말씀대로 살아가려고 할 때 우리 삶의 변화가 있을 것이다. 무엇보다 복음전도자가 복음을 위해 자신을 쳐서 변화된 삶을 위해 애를 쓰고 나갈 때 하나님께서 도와주시며 인도해 주신다.

복음 전도자들의 변화되어 가는 생활이 불신자들로 하여금 복음을 받아들이고 싶어하는 호기심을 일으킬 수 있다. 말로전하는 복음은 거절할 수도 있지만 우리의 삶에서 전하는 복음은 거절하기가 힘들다. 그래서 성경은 우리 삶으로 번역해야 한다. 변화된 생활이야 말로 복음전할 수 있는 가장 효과적인 방법이다. 모든 그리스도인 생활 전체가 예수님의 복음을 위해 예수님을 만나 변화된 나의 삶을 증거해 보일 수 있어야 한다.

대부분의 전도훈련은 어떻게하면 복음을 간단명료하게 전달할지를 가르친다. 그것이 중요하지 않다는 것은 아니지만 요즘시대의 사람들은 논리와 설명보다 우리의 삶을 통해 복음을 보고 듣고

싶어한다. 예수님 믿는 사람들은 과연 어떻게 변화된 삶을 살고, 얼마나 행복한지 말이다. 우리는 하나님의 복을 받은 하나님의 자녀로서 믿지 않는 사람들에게 참된 소망을 가진 자의 삶을 보여줄 수 있어야 한다. 그럴 때 비로소 그들은 "당신이 갖고 있는 그 행복의 이유가 무엇인가요?"라고 묻기 시작할 것이다. 바로 예수 그리스도로 인해 변화된 삶을 통해서 말이다.

그리고 저와 여러분이 변화되어 가는 생활을 통하여 복음을 전할 수 있는 기회들을 만들 수 있고, 그때 우리는 준비된 복음메시지를 전할 수 있을 것이다. 입을 통한 말은 삶이 뒷받침되어지지 않으면 힘을 받을 수 없다. 그러나 생활을 통해 증명해 보인다면 우리의 말은 훨씬 더 힘을 얻고 복음을 전할 수 있을 것이다. 구원받은 자로 말씀 앞에 우리 자신을 점검해 보고, 하나님의 자녀로서 주님을 닮아가는 변화된 삶을 통하여 많은 영혼들을 주께로 인도하는 복음전도자가 되기 바란다.

> "끝까지 앉아만 있으라 – 저절로 외워진다.
> 수료만 해라 – 천천히 해도 된다.
> 안 외워지는 게 정상이다. 시간이 필요하다.
> 다시 힘을 내서 훈련에 임하자!
> 하나님이 함께 하신다. 아자!! "

II. 복음 메시지

EVANGELIST

가. 마음열기 : 일상적 대화 ☞ 교회이야기 ☞ 간증
나. 신뢰감 형성 : 지속적인 만남 ☞ 기회 찾기 ☞ 감동주기

- **인간**: 모든 인간은 죄인입니다. 죄인은 천국에 갈 수 없습니다.
- **하나님**: 하나님의 사랑의 하나님이시지만 의로우신 분이셔서 우리의 죄를 벌하실 수밖에 없으십니다.
- **예수님**: 예수님은 인간이신 동시에 하나님이십니다. 죄가 없으신 분이시지만 우리를 구원하시기 위해서 십자가에서 죽으시고 부활하시고, 다시 오시겠다고 약속하셨습니다.
- **믿음**: 우리가 구원 받기 위해서는 오직 예수님만 믿어야 합니다.
- **천국**: 천국이 있습니다. 돈, 공로, 착한 일로 갈 수 있는 곳이 아닙니다. 천국은 하나님께서 선물로 주셨습니다.

영접기도

사랑의 하나님! 저는 죄인입니다.
지금까지 저는 제 자신과 세상을 믿고 살아왔습니다.
지금 이 시간 저의 모든 것을 내려놓고, 저의 죄를 회개합니다.
예수님이 저의 죄 때문에 십자가에서 죽으시고 부활하심으로
저의 모든 죄를 해결해 주심을 믿습니다.
지금 이 시간 제 마음의 문을 열고
예수님을 나의 구주, 나의 하나님으로 영접합니다.
이제부터 제가 하나님의 자녀로 살아가도록 인도해 주세요.
예수님의 이름으로 기도합니다. 아멘

Ⅲ. 천국, 인간

EVANGELIST

① 천국
  1. 천국이 있습니다. 돈, 공로, 착한 일로 갈 수 있는 곳이 아닙니다.
  2. 천국은 하나님께서 선물로 주셨습니다.

② 인간
  1. 모든 인간은 죄인입니다.
  2. 죄인은 천국에 갈 수 없습니다.

천국

복음을 전할 때는 세상에서 가장 기쁜 표정을 지어야 한다. 내 얼굴이 가장 아름다운 전도지이기에 힘이 있다. 가장 큰 기쁨에 어울리는 태도와 얼굴표정을 지어 보자. 하나님께서 나를 위해서 하신 일, 나의 죄를 용서하신 그 사랑과 은혜를 느낄 수 있도록 전해야 한다. 그리고 상대의 반응과 호응에 따라 내 모습이 바뀌어서는 안 된다. 상대방에 조금 어렵게 살거나 부족해 보인다고 무시하는 말과 행동을 해서는 절대 안 된다. 복음 메시지를 암기했다고 해서 그대로 딱딱하게 말하는 것이 아니라 자신의 말투로 바꾸어서 사용해야 한다. 전도 대상자에게 훈련하는 인상을 주거나, 자신이 훈련 실습 대상이라 느껴지면 불쾌감을 느낄 수 있으므로 늘 철저하게 준비하고 마음을 다해 전도에 임하자.

천국은 확실히 있다. 그곳은 돈이나 공로 자격으로 가는 곳도 아니고 나의 착한 행실과 노력으로 갈 수 있는 곳도 아니다. 세상의 모든 종교는 자신의 노력, 행위를 강조하지만 하나님은 그곳을 값없이 선물로 주셨다. 그래서 우리는 그 선물을 받기만 하면 된다. 자격없는 우리가 너무나 큰 선물을 받았다.

> 공짜가 싫다구요? 천국은 이 세상 물질로 값을 매길 수 없을 만큼의 값입니다.
> 내 입장에서 보면 선물이고 공짜 이지만, 하나님의 입장에서 생각해 보면 하나님은 가장 귀한 독자 아들 예수 그리스도를 이 땅에 보내셨고 십자가에서 죽게 하셨습니다. 예수님 입장에서도 생각해 보면 예수님은 온갖 고난과 핍박을 당하시면서 십자가에 죽기까지 복종하셨습니다. 나는 선물로 받지만 그 선물을 주시기까지 엄청난 대가를 치러야만 했습니다. 이 사실을 잊지 말기 바랍니다.
>
> 천국을 보여 달라구요? 천국은 장소의 개념이 아니라, 통치의 개념입니다. 예수 그리스도를 영접하는 순간 내 마음에 천국이 되며, 하나님께서 나를 통치하십니다. 그러므로 하늘에도 있지만, 내 마음속에도 천국이 있습니다.

인간

모든 사람이 죄인이다. 죄인은 천국에 갈 수 없다. 대부분의 사람들은 자신이 죄인이라고 말을 한다. 그러나 그 죄의 결과가 얼마나 심각한 것인지 알지 못한다. 우리는 전도할 때 상대방의 마음이 상하지 않도록 지혜롭게 죄인됨과 죄의 결과가 얼마나 심각한지를 알려줘야 한다. "선생님! 저도 죄인이고, 이 땅의 모든 사람은 다 죄인입니다." 나에게 먼저 적용하고 상대에게도 알려준다. 그리고 아무리 좋은 천국이라 할지라도 죄가 있으면 갈 수 없다는 것을 알려줘야 한다.

> **"분별과 판단"**
> 바울서신서에는 "분별"이라는 단어와 "판단"이라는 단어가 자주 나옵니다.
> "분별"이라는 단어가 생산적인 좋은 뜻을 가지고 있고, "판단"이라는 단어는 파괴적인 뜻을 가지고 있습니다. 그래서 성경은 분별을 하라고 권하고, 판단은 하지 마라고 말씀하고 있습니다.
>
> 왜 그럴까요? 한 신학자는 "분별"이라는 단어의 뜻을 정의하면서, 분별은 우리가 어떤 사람의 행동에 대해서 그 사람이 그렇게 행동할 수밖에 없었던 원인을 여러 가지로 분석하고 연구해 보는 것이라고 했습니다. 그래서 이 분별의 결과는 상대방을 이해하게 됩니다.
> "그래서 그렇게 할 수 밖에 없었구나"
>
> 반면 "판단"은 어떤 사람의 한 외적인 행동에 근거해서, 그 사람의 인간됨에 관하여 쉽게 결론을 내리고 속단을 해 버립니다. 그 결과 항상 상대방을 비난하거나 정죄하는 것입니다. 그래서 사도바울은 형제를 비판하지 말며, 판단하지 마라고 말한 것입니다.

Ⅳ. 노방전도에서 관계전도로

EVANGELIST

노방전도는 열매를 맺을 수 있는 확률이 적은 것은 사실이다. 그러나 전도가 안되는 것은 아니다. 노방전도의 특징은 뒤에 설명하기로 한다. 노방전도를 하지 마라는 것이 아니다. 노방전도를 통해 관계전도로 이어져서 복음전할 수 있는 기회들을 많이 만들어야 한다.

> 우리교회만 나오면 되는 줄 알았습니다.
>
> 노방전도를 통해서 식당 사장님과 친분이 쌓였습니다. 그런데 그 분을 제가 처음 찾아갔을 때, 교회에서 온 것을 알고 두 손을 모아 합장을 하며 천지신명께 빕니다. 하면서 저에게 인사를 했습니다. 처음엔 관계형성이 되어 있지 않아서 이해하고 넘어갔지만 어느 정도 친분이 쌓였을 때 "천지신명이 아니라 예수님께 기도해야 합니다." 라고 알려드리니, 이제 제스쳐는 똑같이 합장하듯 두 손을 모아서 "예수님께 기도합니다"라며 저에게 인사를 합니다. 결국 그분에게는 복음을 전했고, 영접기도까지 하셨습니다. 죽으면 천국 갈 확신이 있다고 하셨습니다. 그런데 몇 주 뒤 전도하러 갔는데 문이 닫혀 있었습니다. 알고보니 그 분은 개인사정으로 장사를 접었다고 합니다. 만약 그 때 복음을 전하지 않았더라면 어떻게 되었을까? 생각하며 하나님께 감사했습니다. 그렇게 전도하면서 깨달은 것은 저는 만나는 모든 분들이 그저 우리교회만 나오기를 바라는 마음에 열심히 전도했는데, 하나님의 뜻은 제가 그 자리에서 복음을 전하기 원하셨던 것입니다.

전도의 방법과 유형들

□ 가족전도

같이 사는 가족들 전도하는 것이다. 자녀가 부모를 전도하는 것보다 부모가 자녀 전도하기 더 쉬운 경향이 있으나 요즘 시대는 종교의 자유를 두는 편이라 이것마저도 쉽지가 않다. 부부간에도 서로를 너무 잘 알기에 전도하는 것이 쉽지 않다고 말을 한다. 그러기에 계속적인 기도와 노력, 인내가 필요하다. 가정에서 남편과 아내의 역할 혼돈이 일어나면 가정은 불행해질 수 있다. 건강한 결혼생활은 성경적이어야 한다. 성경적 원리를 기본 바탕으로 가정을 세우면 하나님 보시기에 좋았더라고 하신 창조 때의 가정으로 세워져 갈 것이다.

미국에서 조사된 한 통계에 따르면, 건강한 부부의 경우, 하루 대화 시간이 고작, 10분에 불과하다고 한다. 그렇다면 건강하지 않은 부부는 하루 10분도 채 대화의 시간을 갖지 못한다는 뜻이다. 그런데 어떤 부부는 하루종일 대화한다고 말하는 사람도 있다. 그래서 주로 어떤 대화를 나누십니까? 라고 물어봤더니, "오늘 회사에서 늦는다, 세탁소 옷 맡겼어? 공과금 처리했어? 애들학원은?" 등 삶에 필요한 일반적인 정보교환을, 부부간의 대화라고 말한다. 멋진 경상도 남자가 이렇게 말한다. "밥 뭇나? 아는? 자자!" 이건 그 유명한 3초 대화법이다. 진정한 의사소통은, 그렇게 단순한 정보교환 수준이 아니라, 마음을 나눌 수 있어야 한다. 내 마음에 쌓인 갈등과 좌절, 낙심과 상처난 마음, 답답한 심정을 아내나, 남편에서 스스럼 없이 털어놓는 걸 말한다.

예를 들어 "여보, 내가 요즘 괴롭고 답답해요, 살맛이 안나요" 같은 대화를 터놓고 말할 수 있어야 한다. 이런 대화의 시간을 많이 가져야 한다. 아래 남편(아내) 전도전략을 참고하시어 믿지 않는 남편(아내)가 전도되기 바란다.

〈전도전략〉
① 먼저 믿는 아내(남편)의 마음을 먼저 얻어라.(신뢰형성)
- 아내 : 편지를 써서 사무실로 부치거나 서류 가방 등에 사랑의 메모를 남긴다.
  남편이 좋아하는 음식을 준비한다.
  남편이 좋아하는 헤어스타일과 옷을 입는다.
  전화를 해서 "당신을 사랑해, 지금 당신 생각을 하고 있어"라고 말한다.

- 남편 : 아내가 자신의 시간을 갖도록 아이들을 밖으로 데리고 나간다.
  예상치 못한 뜻밖의 카드를 보내서 특별한 추억을 회상하게 한다.
  둘 만을 위한 저녁 나들이를 한다.
  데이트 시절 아내가 특별히 좋아했던 것을 한다.

② 상냥하고 인격을 존중하라
- 둘이 한꺼번에 화를 내지 말라.
- 집에 불이 나지 않는 한 소리를 지르지 말라.
- 갈등이 생길 때 상대방이 원하는 대로 해준다.
- 전 세계를 소홀히 할지언정 배우자를 소홀히 하지 말라.
- 화가 난 채로 잠자리에 들지 말라.
- 실수를 했을 때 빨리 용서를 빌라.

③ 자녀들 앞에서 아내(남편)을 정중히 섬기라
- 과거의 실수를 절대로 꼬집지 말라.
- 하루 한 번 이상 아내(남편)를 칭찬하라.
- 자녀들 앞에서 애정을 표현하라.

④ 아내(남편)가 기뻐하는 일을 찾아서 하라

⑤ 아내(남편)의 부족함을 다른 사람과 비교하지 마라
- 누구 아내는 이쁘고 늘씬하다.
- 누구 남편은 키도 크고 돈을 잘벌어 온다. 등

⑥ 말씀대로 사는 변화된 모습을 보여줘라
- 평상시 TV, 핸드폰을 금하고, 말씀을 읽고 찬양 부르는 모습을 보여줘라

⑦ 마음이 열렸을 때 아내(남편)과 비슷한 성도를 소개시켜 준다.

⑧ 순모임(사랑방, 목장모임)에 초대하라

□ 축호전도
축호전도는 집집마다 방문하여 복음을 전하는 방법을 말한다.

요즘은 안전문제로 경비실에서부터 제재를 가하거나, 현관 입구에 비밀번호가 걸려 있어서 집에 방문하는 것이 쉽지가 않다. 그래서 지금 우리가 한 번 생각해 보아야 할 것은 이것이다. 그 집에 들어오지 말라고 경비를 세우고, CCTV를 설치하고, 비밀번호까지 걸어놨는데 굳이 경비원 몰래 들어가서 CCTV를 피하고 다른 사람이 들어갈 때 같이 로비에 들어가려고 애를 쓴다. 그 마음을 알겠지만 시대가 변했다. 무슨 첩보영화 찍는 것도 아니고 그렇게 들어가서 집에 벨을 눌렀을 때, 과연 그 가정에서 어떤 반응을 보일까? 기겁해서 즉시로 민원 넣고 거절하지 않겠는가? 시대가 변했다. 차라리 아파트 입구에서 밝은 표정으로 전도지 한 장 나눠주는 게 훨씬 더 효과적일 것이다.

□ 집회전도

집회 전도는 대부분 교회에서 이루어진다. 그 종류는 대표적으로 찬양집회와 간증집회가 있다. 어른이나 청소년들 사이에서 인기 있는 가수 중에 신앙이 좋은 가수를 초청하여 찬양콘서트를 연다.

일반적으로 사람들은 연예인들의 생활에 대해 많은 관심을 가지고 있다. 그러한 것을 통하여 불신자들을 교회로 올 수 있는 계기를 만들어 주거나, 대중에게 많이 알려진 믿음 좋은 배우 등을 초청하여 간증집회를 연다. 이러한 개인 간증시간은 믿지 않는 사람들을 초청할 수 있는 좋은 계기가 된다. 간증을 통하여 자신이 예수님 믿기 전의 생활과 예수님 믿은 후의 변화된 삶을 비교하여 그리스도의 복음을 전하는 것이다. 단, 주의해야 할 것은 충분히 검증된 분을 모셔야 한다. 그렇지 않으면 후유증이 더 크게 남을 수 있다.

□ 학교전도

미션스쿨이 세워져서 예배를 통해 복음이 전해지는 것은 참 귀하고 가장 좋은 전도방법일 것이다. 그러나 미션스쿨이 아닌 일반학교들이 많기에 다음세대에 특별한 관심을 갖고 더욱더 복음전파에 힘써야 할 것이다.

학교 전도 방법은 등, 하교 시간에 맞춰 학교 앞에 가서 전도용품을 나눠주거나, 방과후학교 수업에 참여, 동아리 활동에 강사로 참여, 학교 선생님들 신우회 모임에 참여, 학교 근처에 분식집을 전도목적으로 세워서 컵라면, 떡볶이 등 여러 가지 방법으로 참여할 수 있고 학생들의 반응도 좋은 편이다. 그러나 생각보다 열매가 더디게 맺히고, 그에 비해 물질은 많이 필요하다. 마치 밑 빠진 독에 물붓기하는 것처럼 허무하게 느껴지기도 한다. 그러나 우리가 단순히 열매에만 목적을 두기보다 한 영혼이 예수님을 아는 것에 목적을 둔다면, 땅에 떨어진 교회의 이미지를 회복시킬 수 있다면 우리는 기꺼이 다음세대에 목숨 걸어야 할 것이다. 언젠가는 내가 전한 말 한마디와 전도지 하나에 그 영혼이 주님께로 돌아올 수도 있기에, 무엇보다 중요한 것은 여러 가지 획기적인 아이디어와 방법이 있겠지만 그 장소, 그 자리에 변함없이 나가서 복음을 전하는 것이다.

□ 직장전도

기독교인들이 어려움을 겪는 장소 중에 하나가 바로 직장이다. 상하관계가 확실한 직장에서, 회식자리에서의 술 문제를 어떻게 해결할 것인가 늘 어려움에 부딪힌다.

다 그런 것은 아니지만 때로는 술과 담배를 하지 않는다는 이유로 따돌림을 당하거나 업무상에 어려움을 겪을 수도 있다. 그리스도인들 가운데 지금도 갈등에 놓여 있는 사람도 있을 것이다. 사람마다 상황이 다르기에 그럴 때 이렇게 하십시오! 라는 방법론을 제시할 수 없지만, 중요한 건 이것이다. 내가 하나님 앞에 바로 서 있는 것! 그리고 이 직장이 하나님께서 경영하는 직장이 되게 해 주십시오. 기도하며 나 혼자서라도 점심시간에 예배를 드리기 시작해야 한다. 믿는 사람이 있다면 함께 직장에서 예배를 드려야 한다. 오히려 그 어려움이 직장에서 복음을 전할 수 있는 기회가 될 것이다.

□ 병원전도

갑작스런 질병이나 사고로 인해 병원에 입원해서 육체적으로나 정신적으로 나약해져 있는 상황에 있는 환자들에게 복음을 전하는 것이다.

비교적 복음을 받아들이기 쉬운 편에 속한다고 할 수 있다. 장기적으로 병원에 입원한 환자들은 가족들이 잘 오지 않기 때문에 그들에게 접근해서 복음 전하기도 수월한 편이다. 남자가 전도할 때는 산부인과는 피하는 것이 좋다. 가능하면 병원전도팀을 구성하여 지속적으로 병실을 다니면서 전도하는 것이 좋으며, 병원에 신우회가 있다면 함께 예배드리고 기도해 주면서 복음 전하면 훨씬 더 좋은 효과가 있을 것이다. 이 때 미용선교팀도 함께 가서 머리카락을 자르면서 복음을 전하면 좋다.

〈병원전도의 효과〉
마음이 약해져 있고 의지하고 싶은 마음이 있어서 쉽게 마음문이 열린다. 환자 뿐 아니라 보호자까지도 하나님을 붙들려고 하여 전도할 수 있고, 그럴땐 반드시 치료하시는 하나님을 전하고 위로와 소망을 준다. 오후 3~4시경에 전도하는 것이 좋다. 항상 2인 1조로 전도하는 것이 바람직하다. 자신이 병 고침 받은 간증도 사용하면 효과적이다. 한 번에 여러 사람을 짧은 시간에 만날 수 있어서 효과적이다.

〈병원전도 시 주의해야 할 사항〉
환자의 상태에 따라 방문하는 시간을 고려하여 접근해야 한다.
보호자에게 피해가 가지 않도록 방문시간을 주의해야 하고,(식사시간, 수면시간은 피함) 너무 큰 소리로 혼잡하게 하면 환자들이 외면한다. 또한 환자에게 너무 많은 이야기를 시키거나 오래 지체하지 않아야 하고, 여러 환자가 함께 있을 때는 어떤 환자한테 먼저 가야할지 성령님께 잠시 여

쭙고 간다. 병에 대한 섣부른 의견제시나 위로는 도리어 환자의 마음을 상하게 할 수 있다. 공동 병실에서는 마지막에 다른 환자들을 위해서도 기도해주면 교회에 대한 좋은 이미지를 갖게 할 수 있다. 그리고 음식을 가져갈 때는 금식환자가 있는지 확인할 필요가 있다.(사탕은 금물) 타 교회에 나가는 성도들을 억지로 들으라고 강요하지 않아야 한다. 병원전도 시에는 면역이 약한 어린이들을 데리고 다니지 않도록 주의 하고, 보호자의 허락을 받고 접근하는 것이 예의를 갖추는 것이다. 경고나 두려움을 주지 말아야 한다. 겸손과 친절한 자세와 조용한 목소리로 대화를 하고, 긍정적이고 소망을 갖도록 대화하고 병을 극복할 수 있다는 희망을 심어 주어야 한다. 신경이 날카로워져 있는 환자도 있다는 것을 명심해야 한다. 시간적 여유가 있다고 해서 여러 말을 하다가 엉뚱하고 불필요한 말을 하여 환자의 마음에 상처를 주거나 분위기를 깨드릴 수 있다. 다른 환자의 입장을 배려하여 복음을 전한다.

> 노골적으로 반대합니다. "그만해라", "이쯤하면 됐다" 등 그래서 열심히 연습해야 합니다.
> 병원/미용선교 나가서 머리카락을 자르기 위해 기다리고 있는 환자들에게 복음을 전했습니다. 다리를 다치신 분에게 복음을 전하고 영접기도를 하려고 하는데, 핸드폰 전화가 울렸습니다. 전화를 받고 나서 다시 영접기도를 하려고 하니, 병원 방송으로 알리는 내용들이 나왔습니다. 끝나고 다시 영접 기도를 하려고 하니, 머리카락 자를 순서가 되어서 머리카락을 자르러 간다고 합니다. 결국 끝나고는 다음에 하자면서 가버렸습니다. 이처럼 가장 중요한 순간에 마귀는 예수님을 영접하지 못하게 만듭니다. 사탄의 방해와 공격이 늘 있음을 기억하며, 기도와 훈련을 통해서 더 적극적으로 전도에 임하시기 바랍니다.

□ SNS 전도

요즘은 전도할 때 말 붙이기가 참 쉽지 않다. 이어폰을 꽂고 가거나, 앞도 보지 않고 핸드폰만 보고 걷는 사람들이 많기 때문이다. 그럴 때 어떻게 해야 할까? 그렇다고 손 놓고 가만히 있을 수 있을까? 한 조사결과에 따르면 직장인 10명 중 9명이 SNS 사용하고 있다고 한다.

연령별 SNS 이용현황을 살펴보면 '20대' 31%, '30대' 38.1%, '40대' 23.5%, '50대 이상' 7.4%로 40대 이상 중장년층 직장인들의 SNS이용이 전체의 30%이상을 차지하며 활발히 SNS를 이용하고 있는 것으로 조사되었다.

직장인이 SNS를 이용하는 이유로는 '정보를 얻고 공유하기 위해' (51.8%)를 가장 많이 꼽았다. 다음으로 '내 일상/생각을 기록하기 위해' (16.4%), '재미있어서' (10.9%), '인맥 유지를 위해' (10.2%), '시간을 때우기 위해' (6.9%), '업무상 필요해서' (3.7%)의 순이었다.

응답자들이 가장 많이 사용하는 SNS는 '페이스북'(75.8%), '인스타그램'(18.5%), '네이버밴드(2.3%)', '카카오스토리'(2.3%), '트위터'(1%)의 순으로 나타났다. 연령별로는 '페이스북'을 제외하고 20대의 경우 다른 연령에 비해 '인스타그램' 이용률이 높았으며, 50대 이상의 경우 '카카오스토리'와 '네이버밴드'을 많이 이용하고 있었다. SNS를 통해 가장 많이 하는 활동으로는 '내 일상생활 사진/글 올리기'(24%)를 가장 많이 선택했으며 '관심 정보 구독'(22.8%), '흥미성 콘텐츠, 동영상 보기'(18.5%), '지인 콘텐츠, 뉴스 등에 공감 표시'(10.6%), '정보 공유하기'(9.9%), '지인과 소통'(7.2%), '뉴스 보기'(3.9%), '동호회/모임 활동'(3.2%)이 있었다.
-(20대 이상 직장인 689명 대상 벼룩시장 구인구직 조사, 2018.7)

그렇다면 우리의 전도전략은 바뀌어야 하지 않을까?
종이 전도지도 중요하지만 이제는 아니 벌써 SNS에서의 전도가 시작되었어야 했다. 여러분의 교회에 교회 홈페이지를 중심으로 SNS 계정을 만들어야 한다. 현재 우리나라 사람들이 가장 많이 사용하는 페이스북의 '페이지'를 만들고, 우리나라 사람들의 검색엔진의 75%를 장악하고 있는 네이버의 '블로그', 국내 스마트폰 사용자 10명 중 9명 이상이 쓰는 카카오톡의 '카카오스토리' 등에 불신자들로 하여금 관심을 가질 수 있는 컨텐츠를 만들어야 한다. 스마트폰에서 교회와 복음을 보고 들을 수 있게 해야 한다.

□ 길거리 전도

〈길거리 전도 방법〉
같은 장소에서 정기적으로 전도하면 얼굴을 익힐 수 있다. 그러므로 같은 장소에서 평생 한다는 생각으로 꾸준히 해야 신뢰를 쌓을 수 있다.

또한 야외용 파라솔과 원탁을 펴놓고 전도를 하면 시선이 집중되어 전도하기가 좋고 전도할 때 칭찬과 인사를 하고 선물을 드린 다음 관계가 형성되면 복음을 전한다. 전도용품을 기다렸다가 받아가는 사람들이 있다. 그럴 경우 충분히 복음 제시 할 수 있기에 그 기회를 놓치지 말고 복음을 전해야 한다. 가능하면 전도 용품은 작은 선물로 매주 다양하게 나누어 준다.

〈길거리 전도의 효과〉
비교적 많은 사람과 만날 수 있고 작은 선물로 접근할 수 있다. 같은 장소에서 자주 만나면 자연스럽게 관계가 형성된다. 다양한 계층을 만날 수 있다.

(오전 출근길 직장인, 주부, 오후 3시 어린이와 중고등부) 또한 장기 결석자를 만날 수 있다.(이단은 조심) 전도용품을 다양하게 사용할 때 효과가 크다.(메뉴를 날마다 바꿈) 좋은 교회라는 인식을 빠른 시간에 깊게 심어 줄 수 있다.(여름엔 얼음 생수 하나씩)

- 실제로 상가에 전도지와 물티슈를 드렸는데, 안받는다며 극구 사양하다가 다른 옆집에 던져뒀는데, 그 전도지를 보고 교회 전화해서 예배시간을 알아본 뒤 교회 와서 예배드리고 등록한 청년이 있습니다.
- 이 동네로 이사 오신 분들이 마침 교회를 정하려고 할 때, 저희들을 만나서 교회 오시고 등록하셨습니다.
- 15년 전에 전도했던 청년을 버스정류장에서 만났는데, 지금은 교회를 안다닌다고 해서 우리 교회 오라고 했고, 그 주에 오셔서 등록했고 귀한 일꾼이 되었습니다.

〈주의 사항〉
열매가 당장 없다고 중단하면 안된다. 하나님은 전도하는 그 자체를 기뻐하셔서, 전도하는 교회에 영혼을 보내주신다. 그 영혼은 때가 되면 보내주실 것을 믿고 계속 복음은 전해야 한다. 영혼 사랑하는 마음 없이 표정 없는 큰 소리로 외치면 피해가 될 수 있다. 그러므로 너무 큰 소리는 피하고, 전도할 때 주변 상가들에게 피해가 되지 않도록 가벼운 상품을 구입한 후 양해를 구하는 것도 지혜로운 방법이 될 것이다.

□ 방송전도

극동방송, CBS, CTS 등 다양한 프로그램들을 통하여 복음을 전할 수 있다.
북한에는 이러한 방송을 통하여 몇 명씩 모여 예배를 드리고 있어 전도와 선교의 방송으로서 매우 효과적인 역할을 감당하고 있다. 뿐만 아니라 영어, 일어, 중국어로 방송을 하고 있어 타민족에게도 복음이 전파되고 있다. 우리는 이러한 전파선교사, 방송전도에 관심을 갖고 기도해야 한다.

□ 교도소전도

수감되어 있는 불신자들에게 복음을 전하는 것으로, 개인적인 접촉이 매우 제한되어 있어서 어렵지만 지속적인 만남(교도소 내 프로그램을 통하여), 편지 등을 통하여 효과적으로 전도할 수 있으며, 계속적인 관심과 격려를 아끼지 말아야 한다. 그러나 전과자들이 출소한 후에 사회에서 받아주지 않기 때문에 교회나 목회자들을 많이 의지하는 경우도 있으나 신중하게 대처하여 곤란을 겪지 않도록 해야 한다.

□ 군인전도

한국 남자들은 의무적으로 군에 입대하여 국방의 의무를 다해야 한다. 고된 훈련과 내무생활로 많이 지쳐 있기에 교회에 나와서 예배드리는 것은 그들에게 좋은 안식처가 될 것이다. 이러한 상황가운데 군인들에게 예수님의 사랑인 복음을 전하기에 참 좋은 기회이다.

□ 경조전도

기쁜 일에는 한 번씩 빠질 수 있지만 어려움이 있는 곳에는 항상 있어야 한다. 경조사가 있는 곳에 찾아가서 함께 예배하며 위로해 줄 때, 얼마나 고마운 마음이 들까? 또한 믿지 않는 사람들에게도 장례예배를 통하여 천국소망에 대해서 알려주며 하나님의 말씀으로 위로하게 될 때, 복음을 받아들이는 수가 매우 많이 있다. 복음을 전할 수 있는 아주 좋은 기회가 된다. 경조사가 있다면 절대 빠지지 않고 가서 예수님의 사랑을 보여줄 수 있어야 한다.

V. 오늘의 미션

EVANGELIST

"우리교회 알리기"

VI. 전도 후 피드백

EVANGELIST

● 함께 간 조원들은 누구누구인가?

● 어느 장소에서 전도를 했는가?

● 어떻게 전도를 시도했는가?

● 결과 – 반응은 어떠했는가?

● 전도하면서 느낀점은?

Ⅷ. 전도일기 쓰기

EVANGELIST

□날 짜 : □조 : □이름 :
□동행자 : □장소 :

Ⅷ. 전도일기 쓰기

EVANGELIST

□날 짜 :　　　　　□조 :　　　　　□이름 :
□동행자 :　　　　　　　　　　　□장소 :

EVANGELIST

전도팀활성화프로젝트　**넷째 주**

▶ **찬양 1.** 오직 주의 사랑에 매여

▶ **찬양 후 중보기도**

1. 주님! 주께서 주신 큰 사랑을 받았으면서도 복음전도에 소홀했던 저희를 용서해 주옵소서. 오늘도 담대히 복음을 전할 수 있도록 저에게 주의 능력을 주시옵소서.
2. 옆에 계신 집사님, 권사님도 지치지 않도록 마음을 강하게 붙들어 주시고, 성령의 능력을 부어주시사 능력전도자가 되게하여 주옵소서. (옆 사람 손을 잡고 기도)

▶ **찬양 2.** 전도송(1)

▶ **찬양 후 중보기도**

3. 하나님! 저희 교회가 복음을 위해 앞장서는 교회가 되고, 십자가 복음만을 증거하는 교회가 되며, 그 일을 위해 우리교회 중직자들도 깨어나고, 전 성도가 십자가의 복음을 증거하는 교회가 되게 하소서. 주여! 우리 교회를 사용하소서!

▶ 세 분 이상씩 찾아가서 허깅 하세요.

▶ 찬양 3 하나님께서 당신을 통해

▶ 찬양 4 축복의 통로

남자는 남자끼리, 여자는 여자끼리

또는 남자/여자는 악수하며

"능력 전도자가 되세요"

축복하겠습니다.

I. 전도이론

EVANGELIST

"이런 전도자가 되라"

전도자의 준비

[전도 나가기 전]
① 머리끝부터 발끝까지 단정해야 한다. 준비된 복장이 상대로 하여금 신뢰를 갖게 만든다.
② 입 냄새, 땀 냄새, 진한 향수 등을 조심해야 한다.
③ 누가 먼저 복음을 전할지 출발 전에 미리 약속을 해야 한다. 서로 말하려고 하다가 분위기를 망칠 수 있다.
④ 반드시 기도하고 출발해야 한다. 전도는 영적전쟁이다. 기도의 승리가 전도의 승리이다.

[전도 나가서]
① 가능하면 2인 1조가 되고, 남남/여여 보단 남,녀가 한 조가 되면 좋다.
② 큰소리로 웃거나 잡담을 금하고 만나게 될 예비된 영혼을 기대하는 마음으로 나가야 한다.
   (전도용 테이블에 우리끼리 앉아서 잡담하고 웃고 떠들면 안된다. 그 자리는 VIP만 앉도록 준비해야 한다.)
③ 길에서 전도할 때는 잃은 양, 장기결석자, 전도대상자가 지나가는 지, 우리에게 관심을 보이는 사람은 누가 있는지 시야를 멀리 보면서 가야한다.
④ 한 사람이 전도를 시작하면 다른 한 사람은 기도하는 마음으로 있고, 또는 상황에 맞게 리액션을 잘해야 한다.
⑤ 전도하다가 이단을 만났을 때는 무시하거나 지나친다. 절대 논쟁할 필요 없다.
⑥ 길에서 전도할 때는 주변이 시끄럽거나 어수선 하면 조용한 장소로 이동한다.

⑦ 전도하다 무시를 하거나, 핍박을 해도 예수님을 생각하면서 참고 밝은 표정으로 그들을 보낸다. 그 사람도 우리의 전도 대상자이고, 구원받아야 할 하나님의 자녀이기 때문이다.
⑧ 전도자의 표정은 전도지보다 힘이 있다. 표정관리에 힘써라. 거울은 내가 웃지 않으면 절대 웃지 않는다.
⑨ 어려운 질문, 교회 부정적인 말을 할 때는 재치있게, 유머로 넘어가는 것이 필요하다.
⑩ 많은 만남이 결국 많은 열매로 이어진다. 하루에 100명 이상 만나는 걸 목표로 하라.
⑪ 단번에 전도하려고 공격적인 말을 해선 안된다.

[전도 후]

① 개인적으로 전도한 대상자를 기억하면서 성령께서 그 마음을 만지시기를 기도하라.
② 전도하면서 성령께서 역사하신 것을 기록하여 함께 나누고 기도요청 하라
③ 다음에 다시 만날 약속을 했다면 하루가 지나기 전에 문자(카톡)를 보내라
④ 일주일 안에 부담 갖지 않을 만한 선물을 가지고 한 번 더 그 분을 찾아 가고, 가능하다면 교회에 오실 것을 권면하라.
⑤ 당장에 오시지는 않아도 오늘 만난 분들을 수첩에 기록하여 다음에 만날 때 이름, 인상착의 등 대화 나누었던 것을 기억하여 대화를 시도하라. 훨씬 더 친근하게 다가설 수 있을 것이다.

신뢰감 형성하기

신뢰감 형성을 왜 할까? 신뢰감이 형성되면 반대 의견을 미리 막을 수 있다. 신뢰 쌓기를 잘하면 깊은 질문을 할 수 있는 권리가 생기기 때문에 그들과 잘 사귀어 친구가 되어 준다면 그러한 권리를 얻을 수 있다. 부드럽게 복음 설명으로 넘어갈 수 있다. 그러면서 전도 대상자의 영적인 상태를 진단할 수 있다. 불신자인지, 믿다가 낙심한 자인지, 이단인지, 성도인지 알 수 있다. 그들의 영적인 상태를 파악한 뒤 상황에 맞게 간증을 하게 된다면 그들로 하여금 복음을 듣고 싶은 욕구가 생기게 된다. 가능하면 이름을 기억했다가 이름을 넣어서 칭찬을 해주면 훨씬 더 효과적이다. 옆 사람을 바라보며 칭찬 2가지씩 해보자. 칭찬은 구체적으로 할 것.

〈마음 여는 대화법〉
1. 잘 듣기
2. 눈 맞추며 대화하기
3. 긍정적으로 이야기하기
4. 자존심 건드리지 않기
5. 독선적, 단정적 화법피하기-이 집에 다시 오나 봐라, 그렇게 절대 안된다, 죽어도 안돼
6. 상대방 속도에 맞추기
7. 중요한 것 다시 묻고 확인하기
8. 나눈 이야기 요약정리하기
9. 솔직하고 성의있게 대답
10. 웃음은 마음을 여는 가장 훌륭한 열쇠

대화의 기술(2)

1) 경청(들어주기) - 건성으로 들어주는 습관은 맥이 빠지게 한다.
상대방의 말에 귀를 기울이고, 대화중에 고개를 끄덕이며 공감하고 있음을 알려 준다.

때로는 눈을 크게 뜨기도 하고 엄청나다는 표정을 짓기도 한다. 서서 대화할 때는 두 손을 앞으로 모아 공손한 모습을 보인다. 공감하는 내용에는 맞장구를 쳐준다. 상대의 말을 반복해 주면서"그렇겠군요~"(공감대형성) 옆 사람을 쳐다보며 실습해 보라.

2) 대화 시 불필요한 행동들
대화 시 절대 주머니 속에 손을 넣고 있어서는 안된다. 그리고 나이가 어리거나 만만해 보인다고 상대방 몸에 손을 올려놓는 행위를 삼가야 한다. 나도 모르게 무의식적으로 팔짱을 끼고 들을 때도 있는데 이것 역시도 삼가야 한다. 아직 관계가 형성되지 않았기에 초면에 다리를 꼬고 있는 것은 삼가야 한다. 대화 시 다른 물건을 만지작거리지 말고, 자신의 신체 부위를 만지작거리는 것도 대화를 산만하게 만든다. 시선을 떨어뜨리거나 두리번거리는 것도 삼가야 마음을 여는 대화를 할 수 있다.

3) 정적 언어와 유머를 적절히 사용해야 한다.
유머와 위트는 상대의 마음을 열게 하고 상대에 대하여 호의적 입장을 갖게 될 것이다. 그러나 지

나친 농담은 인격을 깎아 내리는 인상을 갖게 한다. 부정적 언어 사용은 부정적 사고를 갖게 하는 만큼 절대 부정적인 질문이나 말은 하지 않도록 한다. 예를 들어, 어렵다, 안될 것이다. 힘들어 죽겠다, 틀렸어, 소용없다, 해봤자 헛수고야, 재수 없어, 안 나올 것 같아 등

4) 훌륭한 화술

상대방의 이야기에 반대 의견을 바로 제시하면 논쟁이 벌어진다. 신뢰관계가 쌓이기 전까지는 반대의견은 뒤로 미룬다. 그리고 상대의 눈을 바라보며 자존감을 북돋아 주는 긍정적인 칭찬을 한다.

결국 칭찬은 상대방의 존재를 인정해 주고 자부심을 갖게 하며 좋은 기분과 의욕을 갖게 한다. 대화 시에는 긍정적이고 적극적인 말만 사용하도록 한다. 상대방에 마음을 편안하게 만들 수 있는 말을 골라서 한다.

□ 자신의 듣는 기술을 평가해보라

1. 나는 상대방이 말하는 동안 그 얼굴을 쳐다보는가?
2. 상대방이 말을 마칠 때까지 기다리는가?
3. 상대방의 말을 이해하려고 애쓰는가?
4. 말하는 순간 상대방의 의도를 헤아리는가?
5. 항상 내 감정을 점검하는가?
6. 이야기의 전말을 듣기 전까지 판단을 보류하는가?
7. 상대방이 말할 때 가끔씩 그 말을 정리해 주는가?
8. 필요할 때마다 확인을 위한 질문을 하는가?
9. 대화할 때 먼저 들으려고 노력하는가?

존 맥스웰, 짐 도넌 '영향력'

II. 복음 메시지

EVANGELIST

가. 마음열기 : 일상적 대화 ☞ 교회이야기 ☞ 간증
나. 신뢰감 형성 : 지속적인 만남 ☞ 기회 찾기 ☞ 감동주기

- **하나님**: 하나님의 사랑의 하나님이시지만 의로우신 분이셔서 우리의 죄를 벌하실 수밖에 없으십니다.
- **인간**: 모든 인간은 죄인입니다. 죄인은 천국에 갈 수 없습니다.
- **예수님**: 예수님은 인간이신 동시에 하나님이십니다. 죄가 없으신 분이시지만 우리를 구원하시기 위해서 십자가에서 죽으시고 부활하시고, 다시 오시겠다고 약속하셨습니다.
- **믿음**: 우리가 구원받기 위해서는 오직 예수님만 믿어야 합니다.
- **천국**: 천국이 있습니다. 돈, 공로, 착한 일로 갈 수 있는 곳이 아닙니다. 천국은 하나님께서 선물로 주셨습니다.

영접기도

사랑의 하나님! 저는 죄인입니다.
지금까지 저는 제 자신과 세상을 믿고 살아왔습니다.
지금 이 시간 저의 모든 것을 내려놓고, 저의 죄를 회개합니다.
예수님이 저의 죄 때문에 십자가에서 죽으시고 부활하심으로
저의 모든 죄를 해결해 주심을 믿습니다.
지금 이 시간 제 마음의 문을 열고
예수님을 나의 구주, 나의 하나님으로 영접합니다.
이제부터 제가 하나님의 자녀로 살아가도록 인도해 주세요.
예수님의 이름으로 기도합니다. 아멘

하나님, 예수님

> ③ 하나님
> 1. 하나님은 사랑의 하나님이시지만
> 2. 의로우신 분이셔서 우리의 죄를 벌하실 수밖에 없으십니다.
>
> ④ 예수님
> 1. 예수님은 인간이신 동시에 하나님이십니다.
> 2. 죄가 없으신 분이시지만 우리를 구원하시기 위해서 십자가에서 죽으시고 부활하시고, 다시 오시겠다고 약속하셨습니다.

"위폐감별사가 되려면 진짜 지폐를 많이 만져봐야 합니다.
그래야 가짜가 무엇인지 알 수 있습니다."

어느 한 위폐 감별사의 말이다. 그렇다. 이단이 접근할수록 하나님에 대한 확신이 필요하다. 복음에 대한 더 선명하고 정확하게 알아야 한다. 우리는 일반적으로 "하나님은 사랑이시다"(요일4:8)라는 말씀만을 기억하고 사랑의 하나님만을 생각한다. 그러나 하나님은 의로우신 분이시다. 하나님의 참된 성품을 균형있게 강조할 필요가 있다.

복음을 전할 때 여러 가지 반대의견이 나올 수 있다. 그럴 때 하나님의 사랑을 강조해야한다. 사랑은 보여주는 것인데, 하나님은 그 아들 예수 그리스도를 십자가에 죽기까지 사랑하셨음을 보여주셨다.

그러나 하나님은 의로우시기 때문에 우리의 죄를 가만히 둘 수가 없는 분이시다. 대부분의 사람들은 이 부분까지 생각하지 않는다. 죄를 지으면 반드시 벌하시는 분이시다는 것을 알려야 한다. 바로 이 죄의 문제를 예수님을 통해서 해결하셨다.

예수님은 하나님이신 동시에 인간이시다. 죄가 없으신 분이다. 예수님은 나와 당신의 죄를 용서하시기 위해서 십자가에서 죽으시고 부활하셨다. 대부분의 사람들은 머리로는 알고 있으나 가슴으로 이해하는 사람은 많지 않다.

III. 전도 대상자 정하고 친구 만들기(1)

EVANGELIST

번호	전도대상자	내가 정한 사람	명
1	가족 중에서(부모님, 형제, 자매)		
2	친척 중에서		
3	친구들(동창)		
4	친구의 부모, 친구의 자녀		
5	동호회 사람들		
6	직장동료		
7	거래처		
8	동네 주민들(아파트 주민)		
9	주변 상가(마트, 세탁소, 편의점 등)		
12	신문, 중국집, 우유 배달원		
11	반장, 통장, 동네 유지		
12	경로당		
13	믿다가 낙심한 사람		
14	주일학교 학생 부모님		
15	이름은 잘 모르지만 가능성 있는 사람		

Ⅳ. 오늘의 미션

EVANGELIST

"신뢰감 형성하기(1)"

Ⅵ. 전도 후 피드백

EVANGELIST

● 함께 간 조원들은 누구누구인가?

● 어느 장소에서 전도를 했는가?

● 어떻게 전도를 시도했는가?

● 결과 - 반응은 어떠했는가?

● 전도하면서 느낀점은?

Ⅶ. 전도일기 쓰기

EVANGELIST

- □ 날 짜 :
- □ 조 :
- □ 이름 :
- □ 동행자 :
- □ 장소 :

Ⅶ. 전도일기 쓰기

EVANGELIST

□ 날 짜 :   □ 조 :   □ 이름 :
□ 동행자 :   □ 장소 :

EVANGELIST

전도팀활성화프로젝트　**다섯째 주**

▶ **찬양 1.** 아무 것도 두려워 말라

▶ **찬양 후 중보기도**

1. 주님! 복음 전하는 것은 담대한 선포인데, 부족한 제 자신이 자꾸보여 복음전할 때 두려움이 있습니다. 이 두려움을 제거하여 주시고 담대한 복음 증거자가 되게 하여 주옵소서.

2. 옆에 계신 집사님, 권사님에게도 담대한 복음 증거로 풍성한 열매를 거두며, 예비된 영혼을 만나게 하여 주옵소서. (옆 사람 손을 잡고 기도)

▶ **찬양 2.** 전도송(2)

▶ **찬양 후 중보기도**

3. 하나님! 이 훈련을 통하여 우리 교회가 새롭게 일어나기 원합니다. 우리 교회에 이 성전이 차고도 넘칠 수 있도록 영혼을 보내 주시고, 부흥을 주시옵소서.

전 도 송

1. 주님명령따라 죽어가는영혼 힘을다 하여서 복음 전 하 리
2. 많은사람주께 인도하는자는 하늘에 서별과 같이 빛 나 리
3. 강권하여주님 내집채우라는 말씀순 종하여 찾아 나 가 세
4. 오직성령께서 능력주심으로 땅끝까 지모두 증인 되 었 네

죽어가는영 혼 주께인 도하 여 하나님의자 녀 되게합시 다
생명되신주 님 구원된 신주 님 오직예수님 만 믿게합시 다
알곡초청잔 치 동참함 으로 서 우리모두주 님 기쁨됩시 다
우리주님께 서 칭찬하 시니 리 하늘나라상 급 모두받겠 네

후렴

나가봅시다 찾아봅시 다 모셔 오자영 혼 주께 인 도 해

( )월 ( )일 ( )월 ( )일 우리 모두주께 영광돌리세

▶ 세 분 이상씩 찾아가서 허깅 하세요.

▶ 찬양 3 하나님께서 당신을 통해

▶ 찬양 4 축복의 통로

하나님께서 당신을 통해

축복의 통로

남자는 남자끼리, 여자는 여자끼리

또는 남자/여자는 악수하며

"능력 전도자가 되세요"

축복하겠습니다.

I. 전도이론

EVANGELIST

"이런 전도자가 되라"

전도자의 기도생활

습관은 좋을 수도 있고 나쁠 수도 있다. 어쨌든 습관은 아주 중요하다. 나폴레옹은 이런 말을 했다. "생각의 씨앗을 뿌리면 행동의 열매가 열리고, 행동의 씨앗을 뿌리면 습관의 열매가 열리고, 습관의 씨앗을 뿌리면 성격의 열매가 열리고, 성격의 씨앗을 뿌리면 운명의 열매가 열린다." 전도자에게 있어서 전도의 좋은 습관들, 그중에 기도생활에 더 집중하고 그것을 습관으로 가져올 수 있다면 우리는 전도에 더 많은 열매를 기대할 수 있을 것이다. 예수님도 이런 습관을 가지셨다. 바로 기도하는 습관이다. 누가복음 22장에는 예수님이 십자가를 지시기 전날 밤 감람산 겟세마네 동산에 기도하러 가시는 장면이 나온다. 주목할 것은 예수님이 다음 날 십자가를 지게 되는 사건 때문에 가신 것이라고 기록되어 있지 않다. (39절) "예수께서 나가사 습관을 따라 감람산에 가시매 제자들도 따라갔더니" 무엇을 따라 갔는가? 습관을 따라였다. 거룩한 습관이었던 것이다.

우리는 기도를 호흡이라고 배웠다. 우리는 호흡을 습관적으로 하며 산다. 그러나 호흡을 멈추면 우리는 죽는다. 그래서 호흡은 생명인 것이다. 성경은 기도가 바로 그런 생명의 호흡이라고 가르친다. 그래서 "쉬지말고 기도하라"고 말씀하고 있다. **예수님의 일생을 복음서를 통해 연구해 보면, 예수님의 모든 사역은 오직 기도로 실현하셨음을 알 수 있다.**

예수님의 공생애를 광야에서 기도로 시작하셨고, 제자들을 택하기에 앞서 밤새워 기도하셨고, 제자들에게 훈련하고자 밤바다에 보내 놓고 산에서 기도하셨고, 하루 종일 가버나움에서 가르치시고, 병을 고치시고 다음날 새벽에 기도하러 가셨다. 기도로 그날 어느 마을에 가서 복음을 전할 것인지를 계획하고 결정하셨고, 죽은 나사로를 통해 부활을 가르치시고자 그 무덤 앞에서 기도하셨다. 또한 십자가 지시기 전날 밤 땀방울이 핏방울이 되도록 기도하셨다. 이처럼 예수님의 일생은 기도의 일생 그 자체였다. 그렇기에 마지막 십자가를 지실 때도 철저하게 하나님의 뜻에 초점을 맞추고 계셨기에 죽음을 두려워하지 않고 하나님 아버지의 뜻대로 십자가를 지실 수 있었던 것이다. 제자들에게도 기도를 가르치시면서 제일 강조한 것이 무엇이었는가? 바로 하나님 아버지의 뜻이 이 땅 가운데 이루어지는 것이다. 그러므로 **예수님의 전도방법은 오직 기도로 시작하셨던 것이다.**

우리의 기도가 하나님의 뜻에 합당하면 지금도 기적이 일어날 것이다. 우리는 기도하고, 하나님은 일하실 것이다. 이 사실을 절대 잊지 말기 바란다. 기도의 힘! 기도의 능력! 으로 복음 전도에 능력있게 쓰임받고, 많은 열매를 거두기 바란다. 하나님의 일은 지식, 방법, 경험, 열정만으로 되는 것이 아니다. 성경을 얼마나 많이 알고, 많이 읽었는지, 금식은 얼마나 했는지 등 바리새인들 같은 사람이 되어서도 안된다. 세리처럼 "멀리 서서 감히 눈을 들어 하늘을 쳐다보지도 못하고 다만 가슴을 치며 이르되 하나님이여 불쌍히 여기소서 나는 죄인이로소이다 하였느니라" 자신의 부족함과 연약함을 고백하며 겸손히 기도하고 순종할 때 하나님께서 역사하신다.

하나님은 기도를 통하여 일하시기 원하신다. 기도하는 사람은 가만히 있을 수 없다. 주께서 일하심을 믿고 믿음으로 반응하고 믿음으로 순종하고 믿음으로 행동하기 시작한다. 주님께서 말씀하시고, 계획하신 것은 반드시 이루신다. 그런데 하나님이 작정하신 그 약속과 계획들을 이루는 것은 기도라는 것을 우리는 절대 잊지 말아야 한다. 하나님은 우리에게 무엇이 필요하며, 어떤 일을 하며, 누구를 만나야 할지 알고 계신다. 그래도 우리에게 그것이 이루어지기를 구하라고 말씀하신다. 다시 말하면, 하나님은 기도를 통하여 하나님의 뜻이 이루어지기를 계획하신 것이다. [약4:2] "너희가 얻지 못함은 구하지 아니하기 때문이요" 엘리야 역시도 하나님의 약속이 반드시 성취될 것을 알면서도, 그 약속의 성취는 기도를 통해서 이루어진다는 믿음에 근거해서 기도했다.

우리의 전도사역에서의 우선순위는 기도를 거룩한 습과, 기도하는 생활로부터 시작된다.

II. 복음 메시지

EVANGELIST

가. 마음열기 : 일상적 대화 ☞ 교회이야기 ☞ 간증
나. 신뢰감 형성 : 지속적인 만남 ☞ 기회 찾기 ☞ 감동주기

- 하나님의 사랑의 하나님이시지만 의로우신 분이셔서 우리의 죄를 벌하실 수밖에 없으십니다.
- 예수님은 인간이신 동시에 하나님이십니다. 죄가 없으신 분이시지만 우리를 구원하시기 위해서 십자가에서 죽으시고 부활하시고, 다시 오시겠다고 약속하셨습니다.
- 모든 인간은 죄인입니다. 죄인은 천국에 갈 수 없습니다.
- 우리가 구원 받기 위해서는 오직 예수님만 믿어야 합니다.
- 천국이 있습니다. 돈, 공로, 착한 일로 갈 수 있는 곳이 아닙니다. 천국은 하나님께서 선물로 주셨습니다.

- 인간
- 하나님
- 예수님
- 믿음
- 천국

🕊 영접기도

사랑의 하나님! 저는 죄인입니다.
지금까지 저는 제 자신과 세상을 믿고 살아왔습니다.
지금 이 시간 저의 모든 것을 내려놓고, 저의 죄를 회개합니다.
예수님이 저의 죄 때문에 십자가에서 죽으시고 부활하심으로
저의 모든 죄를 해결해 주심을 믿습니다.
지금 이 시간 제 마음의 문을 열고
예수님을 나의 구주, 나의 하나님으로 영접합니다.
이제부터 제가 하나님의 자녀로 살아가도록 인도해 주세요.
예수님의 이름으로 기도합니다. 아멘

III. 전도 대상자 정하고 친구만들기(2)

EVANGELIST

"한 번에 찾지 못했다고 실망하지 않습니다.
하나님의 저와 여러분을 찾았듯이, 계속해서 잃어버린 영혼을 찾으십시다."

누가복음 15장 8~10절에 보면 잃은 드라크마 이야기가 나온다. 우리는 이 말씀을 통해서 잃은 드라크마가 발견 된 것을 보아야 한다. 이 여인은 희망을 버리지 않고, 계속 은전을 찾다가 결국엔 찾았다. 여기서 "찾았다"는 단어가 두 번 강조되고 있는데, 그 의미는 이 여인이 지금 잃어버린 은전을 찾는 일에 모든 관심과 열정을 다 바쳤다는 것이다. 이 여인의 관심을 통해서, 우리를 향한 하나님의 관심을 볼 수 있어야 한다. 하나님은 지금도 모든 방법과 수단을 가리지 않고 이렇게 잃어버린 영혼을 찾고 계신다. 한 번에 찾지 못했다고 실망하지 않는다. 오늘 우리의 전도방법과 너무나 다르지 않는가?

번호	전도대상자	내가 정한 사람	명
1	가족 중에서(부모님, 형제, 자매)		
2	친척 중에서, 동네주민들		
3	친구들(동창)		
4	친구의 부모, 친구의 자녀		
5	동호회 사람들, 직장동료, 거래처		
6	주변 상가(마트, 세탁소, 편의점 등)		
7	신문, 중국집, 우유 배달원		
8	반장, 통장, 동네 유지, 경로당		
9	믿다가 낙심한 사람		
10	주일학교 학생 부모님		
11	이름은 잘 모르지만 가능성 있는 사람		

V. 오늘의 미션

EVANGELIST

"신뢰감 형성하기(2)"

Ⅵ. 전도 후 피드백

EVANGELIST

▶ 함께 간 조원들은 누구누구인가?

▶ 어느 장소에서 전도를 했는가?

▶ 어떻게 전도를 시도했는가?

▶ 결과 – 반응은 어떠했는가?

▶ 전도하면서 느낀점은?

Ⅶ. 전도일기 쓰기

EVANGELIST

□날 짜 :　　　　　□조 :　　　　　□이름 :
□동행자 :　　　　　　　　　　　　□장소 :

Ⅶ. 전도일기 쓰기

EVANGELIST

□날 짜 :　　　　　　□조 :　　　　　　□이름 :
□동행자 :　　　　　　　　　　　　　　　□장소 :

EVANGELIST

전도팀활성화 프로젝트　**여섯째 주**

▶ 찬양 1. 내일 일은 난 몰라요

▶ 찬양 후 중보기도

1. 주님! 갈수록 약해져 가는 저의 마음을 붙들어 주시고, 불과 같은 성령이여 내 맘에 항상 계서 천국가는 그 날까지 복음 전도자로 살게 하여 주옵소서.

2. 옆에 계신 집사님, 권사님에게도 성령님 충만히 임하여 주옵소서! 능력 전도자가 되게 하소서! 영혼의 열매를 맺게 하소서! (옆 사람 손을 잡고 기도)

▶ **찬양 2.** 빛의 사자들이여

▶ **찬양 후 중보기도**

3. 하나님! 우리 교회에 다음 훈련에 많은 성도들이 동참하게 해주셔서, 전도팀이 활성화 되게 하시고, 많은 영혼의 열매를 거두는 교회가 되게 하소서.

빛의 사자들이여

1. 빛의 사자들이여 어서 가서 어둠을 물리치고
2. 선한 사역 위하여 힘을 내라 주 함께 하시겠네
3. 주님 부탁하신 말 순종하여 이 진리 전파하라
4. 동서 남북 어디나 땅 끝까지 주님만 의지하고

주의 진리 모르는 백성에게 복음의 빛 비춰라
주의 크신 사랑을 전파하며 복음의 빛 비춰라
산을 넘고 물 건너 힘을 다해 복음의 빛 비춰라
눈이 어두워 못 보는 백성에게 복음의 빛 비춰라

후렴

빛의 사자들이여 복음의 빛 비춰라

죄로 어둔 밤 밝게 비춰라 빛의 사자들이여

▶ 세 분 이상씩 찾아가서 허밍 하세요.

▶ 찬양 3 하나님께서 당신을 통해

▶ 찬양 4 축복의 통로

하나님께서 당신을 통해

축복의 통로

남자는 남자끼리, 여자는 여자끼리

또는 남자/여자는 악수하며

"능력 전도자가 되세요"

축복하겠습니다.

I. 전도이론

EVANGELIST

"복음선포! 영적전쟁이 시작되다"

전도는 '복음선포' 이다.

정말 우리 교회가 주님이 부탁하신 그 명령을 수행하려면, 주님이 이 땅에서 하시고자 했던 일이 무엇인지를 확인해 볼 필요가 있다. 이 땅에 오신 예수님이, 정말 하시고자 했던 일이 무엇이었을까? 마가복음 1:14-15절에서 그 대답을 찾을 수 있다. 예수님은 30세 되던 해부터 공적인 사역을 시작하시면서, 주님이 첫 번째로 선포하신 메시지와 행하신 일은, 그 분이 무엇을 위해 이 땅에 오셨는지, 명확하게 보여준다. 바로 복음 전파이다.

요한이 잡힌 후 예수께서 갈릴리에 오셔서 하나님의 복음을 전파하여 이르시되 때가 찼고 하나님의 나라가 가까이 왔으니 회개하고 복음을 믿으라 하시더라 (막1:14-15)

"요한이 잡힌 후..." 예수님을 증거하기 위해 왔던 사람이 세례 요한이었는데, 세례 요한은 잡혀서 더 이상 활동을 하지 못하게 되었다고 한다. 이것은 이제 요한의 사역이 종결되었다는 의미입니다. 요한은 무대에서 퇴장하고 이와 동시에 예수님이 등장하신다.

옛 시대가 지나가고, 새로운 시대가, 구약시대가 지나가고, 신약 시대가 밝아오는 것이다. 드디어 예수님이 말씀을 시작하신다. "때가 찼고"는 헬라어 "카이로스"가 사용되었다. 이 단어는 그냥 흘러가는 시간을 말하는 게 아니라, 결정적인 시간을 의미한다. 주님이 일하시는 때가 되었다는 것이다.

그렇다면 우리 주님이 무엇을 하기 위해 오셨는가?
(막1:14) 요한이 잡힌 후 예수께서 갈릴리에 오셔서 하나님의 복음을 전파하여

무엇을 전파하셨는가?
복음이다. 바로 그 일을 위해 예수님은 오셨다. 세례요한이 투옥되자마자 예수님은 본격적으로 복음전파를 하시기 시작했다. 하나님 나라가 가까이 왔음을 선포하였고, 사람들은 회개와 믿음을 통하여 천국에 들어가도록 추구하고 있다. 더 나아가 예수님의 재림을 믿어야 한다.

복음의 내용은 무엇일까?
(막1:15) 이르시되 때가 찼고 하나님의 나라가 가까이 왔으니 회개하고 복음을 믿으라 하시더라

하나님나라가 가까웠다는 것이 복음이다. 무슨 의미일까?
예수님이 바로 하나님의 나라를 가져오신 것이다. 예수님이 통치하는 곳이 바로 하나님의 나라이다. 예수님을 왕으로 모신 사람들마다, 예수님의 통치를 경험하게 된다. 이것이 바로 복음이다. **예수님은 바로 이 복음을 전하기 위해 오셨다. 오늘 우리 교회가 바로 이 복음을 전해야 한다. 땅끝까지 십자가의 복음을 전파**해야 한다.

복음을 위해 헌신하는 전도자가 필요하다.
복음전도(Evangelism)와 밀접한 관계를 나타내는 복음 전도자(Evangelist)라는 단어는 신약성경에 단지 세 번 밖에 나오지 않는다. ①(행21:8) 이튿날 떠나 가이사랴에 이르러 일곱 집사 중 하나인 전도자 빌립의 집에 들어가서 머무르니라, 최초의 일곱 집사들 중에 하나인 빌립이 전도자로서 표현되어 있다. ②(엡4:11) 그가 어떤 사람은 사도로, 어떤 사람은 선지자로, 어떤 사람은 복음 전하는 자로, 어떤 사람은 목사와 교사로 삼으셨으니, 여러 가지 은사 중에 하나로서 표현되었고, ③(딤후4:5) 그러나 너는 모든 일에 신중하여 고난을 받으며 전도자의 일을 하며 네 직무를 다 하라고 기록되어 있다.

우리가 지난 수 십 년 동안 사람들 모으는 일에는 성공했을지 모르지만, 예수님의 제자, 복음 전하는 자, 십자가의 복음을 위해 목숨 거는 성도를 만들지 못한 건 아닌지 돌아보아야 한다. 복음만이 유일한 소망이고, 이 땅을 변화시킬 참 소망이 된다. 예수님은 바로 이 복음전파를 위해 오셨다. 그렇다면 우리도 그 목적대로 살아가야 하지 않을까? 바로 당신이 그 복음을 위해 헌신하는 주인공이 되기 바란다.

전도는 '영적전쟁' 이다.

인류에게는 창조 이후부터 쉬지 않는 싸움이 있어 왔다. 처음 아담과 하와의 에덴동산에서의 범죄, 그 이후 형 가인이 동생 아벨을 돌로 쳐 죽이는 최초의 살인죄를 범했다. 그 이후로도 성경을 포함한 세계 역사에는 수많은 싸움과 전쟁이 계속되고 있다. 우리가 겪고 있는 싸움에는 종류도 얼마나 많은가? 정치, 종교, 인종, 자연 재앙, 질병과의 싸움, 범죄와의 전쟁, 심지어 요즘은 주차 전쟁까지, 그리고 살과의 전쟁 등 우리 주변에 싸움은 그치지 않는다. 그 가운데 가장 무서운 것은 눈에 보이지 않지만 현실적인 영적인 전쟁(싸움)이다.

복음 전도 역시 반드시 영적공격들이 있다. 영적전쟁이기에 육적으로 싸우는 게 아니다. 군대나 특수 무기로 되는 것도 아니고, 격투기 훈련을 배워서 기술을 써서 이길 수 있는 것도 아니다. 특히 예수님 믿는 사람 그리고 전도하는 사람들에게는 결코 피할 수 없다. 영적으로 맞서 싸워야 한다. 싸워서 이기는 방법이 바로 다음 장에서 다룰 기도의 힘이고 성령의 능력이다.

이 영적인 싸움에서 이기기 위해서는 영적으로 강해져야 한다.
그러면 어떻게 해야 영적으로 강해질 수 있을까? 가장 먼저 하나님의 말씀을 충분히 섭취해야 한다. 내 안에 죄의 유혹이 틈타지 못하게 말씀으로 가득 채워야 한다. 그리고 하나님과의 끊임없는 대화인 기도로 내 믿음을 강하게 키워야 한다. 때로는 불순종과 불신앙이 나를 넘어뜨릴 때가 있다. 이렇게 전도해서 될까? 굳이 내가 왜 이렇게까지 전도할까? 등 그럴듯한 상황으로 영적전쟁에서 포기하게 만든다. 그럴 때 어떻게 해야할까? 두 손 두 발 다 들면서 나는 원래 전도하고는 맞지 않았어요 하면서 포기해야 할까? 그렇지 않다. 그럴수록 예수님을 전적으로 의지하고 더 붙들어야 한다. 거기에서 용기와 지혜와 힘을 얻을 수 있다.

그리고 또 한가지 기억해야 할 승리 방법은 마음을 잘 지켜야 한다.
(잠언 4:23) "모든 지킬 만한 것 중에 더욱 네 마음을 지키라 생명의 근원이 이에서 남이니라" 섭섭한 마음이 들지 않도록, 원망과 불평이 생기지 않도록 마음을 잘 지켜야 한다. 남을 정죄하고 판단해서도 안된다.

출애굽 당시 백성들의 원망과 불평속에서도 어떻게 그 위험한 상황들을 이길 수 있었는가? 하나님을 바라보고 의지하는 믿음의 확신에서 그 엄청난 리더쉽을 보일 수 있었다.
그리고 이 전쟁에서 가장 강력하고 확실한 무기는 복음의 전신갑주를 입는 것이다.
사단은 계속해서 하나님의 자녀로 하여금 시험 들게 하고, 고난들을 통해 때론 그럴듯한 합당한 이유를 들어 전도를 못하게 만든다. 사단은 우리가 교회일(봉사)에 열심히 하는 것에는 관심이 없다. 복음을 전하기 시작할 때 사단은 비상이 걸려서 우리의 가장 연약한 부분들을 치면서 공격해온다. 그러나 염려하지 마라. 우리가 이미 승리하신 예수님만 의지한다면 성령의 능력을 구한다면 우리는 문제의 크고, 작음에 상관없이 승리하게 되어있다. (엡 6:11) "마귀의 간계를 능히 대적하기 위하여 하나님의 전신 갑주를 입으라"

마지막으로 기억해야 할 것이 있다. 싸움의 대상이다.
우리의 싸움의 대상은 아군이 아니다. 우리끼리 싸우고, 우리 안에 분열이 일어나선 안된다. 사단은 우리끼리 싸우게 만든다. 아무리 군대에서 특수훈련을 받아도, 아무리 실력이 뛰어난 특공대라 하더라도 그 안에서 구타사고가 일어나고, 분열이 일어나면 그 부대 자체를 해체시켜버린다. 우리가 은사 받고 능력 받아도 우리 안에 분열이 일어나면 그 전도팀은 힘을 잃고 결국 흩어지게 될 것이다. 이게 바로 마귀의 전략이다. 예수님은 광야에서 시험을 받았지만 하나님의 말씀으로 마귀의 궤계를 물리치셨다. 그럼에도 마귀는 아주 떠나지 않고 그 주변에서 언제나 공격자세를 가지고 있다. 마귀는 도깨비 뿔을 달고 무섭게 다가오는 것이 아니라, 광명의 천사처럼 가면을 쓰고 아름다운 모습으로 우리에게 다가와서 결국 파멸로 이끌어 간다. 우리가 이 영적 싸움에서 이길 힘은 나 자신에게 있지 않고 하나님께 있다. 이 치열한 영적전쟁에서 예수님을 믿는 믿음이 있어야지 넘어지지 않고, 승리할 수 있으며, 그 승리를 경험할 때마다 우리의 믿음은 성숙해지고 강해질 것이다. 영적 전쟁에서 승리자가 되자!

> 전도훈련을 시작하며 저는 첫 오리엔테이션 때 이런 강의로 시작했습니다. "영적 공격들이 분명이 있습니다. 나의 가장 연약한 부분을 건드리고, 그럴듯한 핑계로 훈련받지 못하게 상황을 만들어 갈 것입니다. 그럴 때 환경 보지 말고 믿음으로 훈련의 자리에 나와야합니다"라고 말했습니다.
>
> 저는 예상했다. 분명 그런 공격들이 있을 것이라고, 아니나 다를까 전도훈련에 적극적으로 참여한 ○○○집사님이 그 날 훈련에 왔는데, 안색이 너무 안좋은 것입니다. 그 집사님에게 물으니 심장이 계속 벌렁거리고 몸이 붓고 힘이 빠진다는 것입니다. 그래서 저는 왜 몸이 그렇게 아픈데 바로 병원에 안갔냐고 물으니, 목사님이 영적공격이 있을 거라고 했잖아요. 전도 훈련의 자리에 꼭 나오고 결석하지 마라고 해서 왔다는 것입니다. 그래서 모두가 중보기도 하고, 곧바로 병원가셨습니다. 이 집사님은 영적인 공격에 넘어지지 않고 믿음으로 승리한 것입니다. 병원에서 종합검진을 받으니 과로해서 그러니 영양제 맞고 좀 쉬면 괜찮아 진다고 했습니다. 결국 수료식 때 하나님께서 하셨던 일들을 간증하며 복음 전하는 아름다운 전도자가 되었습니다.

II. 복음 메시지

EVANGELIST

가. 마음열기 : 일상적 대화 ☞ 교회이야기 ☞ 간증
나. 신뢰감 형성 : 지속적인 만남 ☞ 기회 찾기 ☞ 감동주기

- 하나님의 사랑의 하나님이시지만 의로우신 분이셔서 우리의 죄를 벌하실 수밖에 없으십니다. — **하나님**
- 예수님은 인간이신 동시에 하나님이십니다. 죄가 없으신 분이시지만 우리를 구원하시기 위해서 십자가에서 죽으시고 부활하시고, 다시 오시겠다고 약속하셨습니다. — **예수님**
- 모든 인간은 죄인입니다. 죄인은 천국에 갈 수 없습니다. — **인간**
- 우리가 구원 받기 위해서는 오직 예수님만 믿어야 합니다. — **믿음**
- 천국이 있습니다. 돈, 공로, 착한 일로 갈 수 있는 곳이 아닙니다. 천국은 하나님께서 선물로 주셨습니다. — **천국**

🕊 영접기도

사랑의 하나님! 저는 죄인입니다.
지금까지 저는 제 자신과 세상을 믿고 살아왔습니다.
지금 이 시간 저의 모든 것을 내려놓고, 저의 죄를 회개합니다.
예수님이 저의 죄 때문에 십자가에서 죽으시고 부활하심으로
저의 모든 죄를 해결해 주심을 믿습니다.
지금 이 시간 제 마음의 문을 열고
예수님을 나의 구주, 나의 하나님으로 영접합니다.
이제부터 제가 하나님의 자녀로 살아가도록 인도해 주세요.
예수님의 이름으로 기도합니다. 아멘

믿음, 영접기도

믿음 - 믿음의 대상 바꾸는 단계

믿음 부분은 아주 중요하다. 자신이 믿어왔던 믿음의 대상을 바꾸는 단계이며 개인적으로 구원을 받아들이고 고백하는 단계이기 때문이다. 사람들은 믿음을 다 같은 믿음으로 생각하지만 믿음에도 종류가 있다. 현재의 고통만 극복하기 위해 일시적으로 믿는 일시적인 믿음이 있다. 이 믿음은 문제가 해결되고 나면 금방 주님을 떠나고 만다. 어떠한 사물을 보고서 그 사물은 무엇무엇이다 라고 말하는 사물에 대한 믿음도 있고 역사적인 인물을 믿는 역사적 믿음도, 물질적인 이유로 주님을 의지하는 재정적 믿음도 있다. 성경을 많이 읽고 교회를 다닌 경험은 있지만 예수님을 인격적으로 만나지 못한 채 지식적으로 믿는 지식적 믿음도 있다. 여러 형태의 믿음이 있지만 그 믿음은 구원받는 믿음이 아니라는 사실을 잊지 말아야 한다. 구원받는 참 믿음은 오직 예수 그리스도만 신뢰하는 것이다.

영접기도 - 결신초청하기

우리가 평소에 결신초청하기가 잘 안되는 이유는 실제로 여기까지 경험할 기회가 매우 적기 때문이다. 평소에 전도를 많이 나아지만 복음을 듣고 예수님을 영접하신다는 분이 많지 않기에 영접기도 할 기회가 많지 않다. 그래서 많이 서툴기도 하고 어떨 때는 헷갈리기도 한다. 그래서 우리는 평소보다 더 많이 연습을 하고 준비가 되어 있어야 한다. 특별히 그때 마귀의 공격이 심하기 때문이다. 성령님께 맡기고 의지하면서 영접기도를 해야 한다.

> 전도훈련을 시작하며 저는 첫 오리엔테이션 때 이런 강의로 시작했습니다. "영적 공격들이 분명이 있습니다. 나의 가장 연약한 부분을 건드리고, 그럴듯한 핑계로 훈련받지 못하게 상황을 만들어 갈 것입니다. 그럴 때 환경 보지 말고 믿음으로 훈련의 자리에 나와야합니다"라고 말했습니다.
> 저는 예상했다. 분명 그런 공격들이 있을 것이라도, 아니나 다를까 전도훈련에 적극적으로 참여한 ○○○집사님이 그 날 훈련에 왔는데, 안색이 너무 안좋은 것입니다. 그 집사님에게 물으니 심장이 계속 벌렁거리고 몸이 붓고 힘이 빠진다는 것입니다. 그래서 저는 왜 몸이 그렇게 아픈데 바로 병원에 안갔냐고 물으니, 목사님이 영적공격이 있을 거라고 했잖아요. 전도 훈련의 자리에 꼭 나오고 결석하지 마라고 해서 왔다는 것입니다. 그래서 모두가 중보기도 하고, 곧바로 병원가셨습니다. 이 집사님은 영적인 공격에 넘어지지 않고 믿음으로 승리한 것입니다. 병원에서 종합검진을 받으니 과로해서 그러니 영양제 맞고 좀 쉬면 괜찮아 진다고 했습니다. 결국 수료식 때 하나님께서 하셨던 일들을 간증하며 복음 전하는 아름다운 전도자가 되었습니다.

III. VIP초청 축제

EVANGELIST

일반적으로 교회에서는 전반기 부활주일과 하반기 추수감사주일을 기점으로 총동원전도주일(새생명전도축제)을 하고 있다. 그러나 요즘은 열매가 없이 우리끼리의 잔치가 된다고 이마저도 없애고 있는 추세이다. 그러나 우리가 교회 행사에 치중하기보다 영혼구원에 초점을 맞춰서 우리에게 맞는 행사가 아니라 '복음전도'에 초점을 맞추고, 새신자들이 어떻게 하면 교회에 정착할 수 있을까에 더 집중한다면 교회전도는 탁월한 전도방법이 될 수 있다.

한국교회에서는 1980년대 후반부터 많은 교회에서 시행하고 있다. 이 총동원전도주일을 통하여 실제로 많은 부흥을 이뤄낸 교회도 있으며, 교회마다 전도의 불길이 타올라 교회가 하나될 수 있는 좋은 계기를 마련하기도 했다. 이 총동원전도주일에서 중요한 것 중에 하나는 바로 '붐'이다. 교역자만 움직여서도 안되고, 전도팀만 움직여서도 안된다. 교회 성도 전체가 함께 움직여야 하는 '붐'이 일어나야지 큰 효과를 볼 수 있다. 물론 제일 중요한 것은 성령의 역사이다.

〈전도전략〉
① 설교를 통해서 전도의 중요성과 필요성 강조
② 전도왕초청 전도간증, 전도세미나 실시
③ 특별기도회, 부흥회 실시
④ 누구든지 쉽게 전도할 수 있도록 전도방법 제시
⑤ 성도들의 동참을 위해 구호 제창, 전도송 발표대회, 삼행시 등 성도들이 참여할 수 있도록 한다.
⑥ 교회 안과 밖에 홍보용 현수막과 포스터를 부착한다.
⑦ 특별 전도지를 제작, 배포한다.
⑧ 전도대상자 명단 작성
⑨ 전도특공대 조직 운영
⑩ 전도축제 성공한 교회 탐방

전도축제 후에는 반드시 피드백을 하고 자료를 보관하여, 다음 전도축제 때 참고해서 부족한 부분들을 보완하여 진행한다. 그리고 전도왕 시상과 수고하고 섬긴 분들에 대한 칭찬과 격려를 빠뜨려선 안된다.

● VIP초청축제 기획

● 일시, 장소

● 홍보 전략(성도들에게 전도의 붐을 일으킬 만한 홍보전략)

● 특별 프로그램(기존의 예배형식 틀을 크게 깨지 않는 선에서)

● 선물과 식사

● 다음 주에 한 번 더 모시고 올 수 있는 방안은?

V. 오늘의 미션

EVANGELIST

"전도 대상자에게 접근하기(마음열기)"

Ⅵ. 전도 후 피드백

EVANGELIST

● 함께 간 조원들은 누구누구인가?

● 어느 장소에서 전도를 했는가?

● 어떻게 전도를 시도했는가?

● 결과 - 반응은 어떠했는가?

● 전도하면서 느낀점은?

Ⅷ. 전도일기 쓰기

EVANGELIST

- □날 짜 :   □조 :   □이름 :
- □동행자 :   □장소 :

Ⅶ. 전도일기 쓰기

EVANGELIST

□날 짜 :　　　　　□조 :　　　　　□이름 :
□동행자 :　　　　　　　　　　　□장소 :

EVANGELIST

전도팀활성화프로젝트 **일곱째 주**

▶ 찬양 1. 사명

▶ 찬양 후 중보기도

1. 주님! 이제야 복음을 어떻게 전해야 하는지, 왜 전해야 하는지 조금 알 것 같습니다. 이 마음이 약해지지 않도록 저를 붙들어 주시고, 저 뿐만 아니라 다른 성도들에게도 이 훈련을 받을 수 있도록 저들을 인도하여 주옵소서.
2. 옆에 계신 집사님, 권사님에게도 주님 오실 그 날까지 이 마음 변치 않고 십자가의 복음을 전하며 살도록 인도하옵소서.

   (옆 사람 손을 잡고 기도)

▶ **찬양 2.** 마지막 날에

▶ **찬양 후 중보기도**

3. 하나님! 우리 교회에 성령의 역사가 날마다 나타나는 교회가 되게 하소서. 담임 목사님에게 성령의 충만함을 교회에는 성령의 능력을 우리 교회가 좋은 소문이 나서 지역사회를 살리는 중요한 교회가 되게 하소서.

*이제는 한 분도 안찾아 가신 분들 대상으로 찾아가셔서 세 분 이상씩 허깅 하세요.

▶ 찬양 3 하나님께서 당신을 통해

▶ 찬양 4 축복의 통로

남자는 남자끼리, 여자는 여자끼리

또는 남자/여자는 악수하며

"능력 전도자가 되세요"

축복하겠습니다.

I. 전도이론

EVANGELIST

"뜨거운 기도로 성령의 역사가 시작되다"

전도는 '기도의 능력' 이다.

예수님은 짧은 생애를 사시면서, 하나님의 놀라운 구원의 사역을 성취할 수 있었던 비결은 무엇일까? 바로 기도에 있다. 인간으로 오신 예수님도 기도가 필요했던 것이다. 예수님은 회당에서 귀신들린 자의 귀신을 쫓아내는 축사 사역을 하시고(막1:25), 시몬 베드로의 집으로 가셔서(막1:29) 시몬 베드로의 장모의 열병을 고쳐 주셨다. 인간의 몸으로 오신 예수님도 얼마나 피곤하셨을까? 그런데 해질 무렵 또 예수님의 소문을 듣고 병든 자들이 이 집으로 모여 들었는데, 얼마나 많은 사람들이 모였는지 성경에는 "온 동네가 문 앞에 모였다"(막1:33)고 기록하고 있다. 수많은 사람들을 위해 계속 기도하셨다. 그리고 그 다음날 새벽이 밝기 전에 예수님은 일어나 기도하기 시작하셨다. 예수님에게 기도란 무엇이었을까? 기도만이 하나님 아버지와 더불어 교제를 나눌 수 있는 방법이고, 기도만이 예수님의 복음전파 사역을 온전하게 감당하게 만든 다는 것을 알고 계셨다. 그래서 예수님은 가장 적합한 시간과 장소를 결정하셨다.

(막1:35) 새벽 아직도 밝기 전에 예수께서 일어나 나가 한적한 곳으로 가사 거기서 기도하시더니

새벽에 기도하던 예수님을 제자들이 쫓아 왔다. 제자들은 "모든 사람이 주를 찾나이다"라고 말하는데, 원문의 뜻은 "집요하게 추적하다"는 뜻이다. 왜 그랬을까? 안식일에 병든 자들을 많이 고쳤기에 그 소문이 온 동네에 퍼졌던 것이다. 그러니까 새벽부터 사람들이 몰려오기 시작했다. 그런데 예수님의 반응은 제자들의 질문에 동문서답같이 말씀하신다.

(막1:38) 우리가 다른 가까운 마을들로 가자 거기서도 전도하리니 내가 이를 위하여 왔노라

예수님의 말씀은 무엇입니까? 병 고치는 것도 좋고, 그들의 아픔을 치료해 주는 것도 좋다. 하지만 내가 온 목적은 병 고치기 위함이 아니다. 전도하는 것이 목적이다. 여기서 이만큼 전도했으면 됐다. 이제 다른 마을에 가서 전도하자고 말씀하신 것이다. **예수님은 삶의 분명한 목적이 있었다. 분명한 초점을 갖고 있었다는 것이다. 어떻게 가능했을까? 바로 기도이다.**

기도하는 자에게는 인생의 명확한 방향을 걸을 수 있고, 내가 신앙생활하면서 어디에 초점을 맞춰야 하는 지를 알 수 있다. 기도하는 자에게는 사소한 감정에 넘어지고 상처 받는 게 아니라, 사명 따라 움직인다.

그러면 우리는 전도하면서 어떻게 기도해야할까?
하나님의 뜻을 알 수 있도록 그리고 하나님의 말씀 앞에 순종할 수 있도록 기도해야 한다. 또한 하나님 앞에 쓰임 받는 인생이 되도록 기도해야 한다. 하나님의 뜻을 따라 순종하셨기 때문에 예수님은 더 많은 곳에서 복음을 전하고, 하나님의 영광이 드러났고, 많은 열매를 거둘 수 있었다.

기도를 하지 않는 이유 중에 하나는 많은 에너지가 소모되기 때문이다.
그러나 승리의 기도는 우리가 영적인 에너지를 다 소모하여 쓰러진 상태에 그대로 두지 않고, 반드시 우리로 하여금 새 힘을 공급해 준다.

(단10:19) 이르되 큰 은총을 받은 사람이여 두려워하지 말라 평안하라 강건하라 강건하라 그가 이같이 내게 말하매 내가 곧 힘이 나서 이르되 내 주께서 나를 강건하게 하셨사오니 말씀하옵소서

전도는 '성령충만' 이다.

복음전도에 있어서 성령님의 역할은 매우 중요하다. 성령 없이는 한 영혼도 변화될 수 없기 때문이다. 고린도전서에 보면 "성령으로 아니하고는 누구든지 예수를 주시라 할 수 없느니라"(고전 12:3)고 말씀하고 있다. 사도행전은 복음행전이라고 말하기도 하고 성령행전이라고 말하기도 한다. 성령의 이름이 50회 이상 나타나고 있기 때문이다. 성령은 선물, 성령의 은사, 성령세례, 성령충만, 성령을 부어주심, 성령을 받음, 성령으로 방언을 말함, 성령의 위로 등 성령의 역할에 대해서 말씀하고 있다. 다시 말하면 복음 전도에 있어서 성령을 의지하는 것이 얼마나 중요한지를 잘 기록하고 있다. **성령을 의지하는 것은 복음 전도자가 해야 할 가장 중요한 것 중에 하나이다.**

우리가 잘 알고 있는 사도행전 1:8에 보면, 성령은 예수 그리스도를 증거하기 위하여 예수 그리스도를 고백하는 모든 성도들에게 권능을 주시겠다고 약속하셨다. 권능은 그리스어로 "두나미스"라고 한다. 이 두나미스는 다이나마이트에서 파생한 단어이다. 다이나마이트가 폭발하듯 성령이 권능으로 임하셔서 복음전도 사역에 역사하신다는 것이다. 사도행전4:31에도 "빌기를 다하매 모인 곳이 진동하더니 무리가 다 성령이 충만하여 담대히 하나님의 말씀을 전하니라" 성령이 충만하여 하나님의 말씀을 담대하게 전할 수 있었다. 또한 마12:28 "내가 하나님의 성령을 힘입어 귀신을 쫓아내는 것이면 하나님의 나라가 이미 너희에게 임하였느니라" **성령의 권능은 귀신을 쫓아내는 능력이며, 하나님의 복음을 전하는 가장 강력한 방법**이다. 급하고 강한 바람같은 소리, 불의 혀처럼 갈라지는, 다른 언어들로 말하기 시작함 등 이러한 역사는 성령의 권능으로 임하는 것이다.

뿐만 아니라 성령이 세상의 죄와 의와 심판에 대해서 깨닫게 하신다고 하셨다. **마지막 날에 복음이 전파되도록 하는 것은 성령의 역사만이 가능하다.** 복음전도자가 사역할 때 성령께서 역사하셔야만 역사가 있다는 것을 우리는 너무나 잘 알고 있다. 그래서 고린도전서에 보면 "내 말과 내 전도함이 설득력 있는 지혜의 말로 하지 아니하고 다만 성령의 나타나심과 능력으로 하여"(고전2:4) 그리고 예수님께서 말씀하실 때 "무엇을 말할까 염려하지 말라 그 때에 너희에게 할 말을 주시리니 말하는 이는 너희가 아니라 너희 속에서 말씀하시는 이 곧 너희 아버지의 성령이시니라(마10:19,20)고 하셨다. 전도할 때는 철저하게 성령을 의지하며, 전적으로 기도하는 마음으로 해야한다. 인간적인 생각보다는 절대적으로 하나님께 맡기는 마음으로 전도해야 한다. 하나님의 능력이 나타나도록 성령을 더욱더 의지해야 할 것이다.

이 교재에서도 여러 가지 방법들을 제시하겠지만 어디까지나 우리의 믿음에 따른 최선 노력일 뿐이고 가장 중요한 것은 우리가 전도하는 모든 것이 말과 지혜에 있는 것이 아니라 성령의 능력과 나타남, 즉 성령충만함을 받는 복음전도자가 되는 것이 중요하다.

II. 복음 메시지

EVANGELIST

가. 마음열기 : 일상적 대화 ☞ 교회이야기 ☞ 간증
나. 신뢰감 형성 : 지속적인 만남 ☞ 기회 찾기 ☞ 감동주기

- 하나님의 사랑의 하나님이시지만 의로우신 분이셔서 우리의 죄를 벌하실 수밖에 없으십니다.
- 예수님은 인간이신 동시에 하나님이십니다. 죄가 없으신 분이시지만 우리를 구원하시기 위해서 십자가에서 죽으시고 부활하시고, 다시 오시겠다고 약속하셨습니다.
- 모든 인간은 죄인입니다. 죄인은 천국에 갈 수 없습니다.
- 우리가 구원 받기 위해서는 오직 예수님만 믿어야 합니다.
- 천국이 있습니다. 돈, 공로, 착한 일로 갈 수 있는 곳이 아닙니다. 천국은 하나님께서 선물로 주셨습니다.

인간 / 하나님 / 예수님 / 믿음 / 천국

영접기도

사랑의 하나님! 저는 죄인입니다.
지금까지 저는 제 자신과 세상을 믿고 살아왔습니다.
지금 이 시간 저의 모든 것을 내려놓고, 저의 죄를 회개합니다.
예수님이 저의 죄 때문에 십자가에서 죽으시고 부활하심으로
저의 모든 죄를 해결해 주심을 믿습니다.
지금 이 시간 제 마음의 문을 열고
예수님을 나의 구주, 나의 하나님으로 영접합니다.
이제부터 제가 하나님의 자녀로 살아가도록 인도해 주세요.
예수님의 이름으로 기도합니다. 아멘

Ⅲ. 새신자 양육 준비

EVANGELIST

1) 새신자란?

교회에 새로 등록한 교인을 말한다.

2) 새신자 양육이란?

일반적으로 새신자 양육이란 전도 대상자들, 교회에 처음 오신 분들이 교회에 잘 정착할 수 있게 도와주는 것이다.

"우리가 그를 전파하여 각 사람을 권하고 모든 지혜로 각 사람을 가르침은 각 사람을 그리스도 안에서 완전한 자로 세우려 함이니 이를 위하여 나도 내 속에서 능력으로 역사하시는 이의 역사를 따라 힘을 다하여 수고하노라"(골1:28-29)

3) 새신자 양육 방법

새신자들이 교회에 잘 정착하고, 영적으로 성숙할 수 있도록 부모와 같은 관심으로 돌봐 줘야 한다. 새신자 양육은 집단적으로 하는 것보다 소수인원이 효과적이라 할 수 있다. 새신자 양육을 할 때 특별히 사랑이 필요다. 부모는 자녀들을 사랑하기에 먹이고 보호하고 가르치는 책임이 있듯이 영적인 부모인 양육자들은 그런 마음으로 새신자를 돌봐야 한다.

새신자 양육시간은 너무 길지 않는 것이 좋다. 보통 20~30분 정도가 좋으며, 가능하다면 PPT와 동영상을 활용해서 지루하지 않게 교육을 하도록 한다. 새신자 양육을 통하여 기본 핵심은 전하지만 한 번에 많은 것을 교육시키겠다는 욕심은 버려야 한다. 공부한다는 느낌을 받으면 교회 오는 것을 부담스러워할 수 있다. 새신자 양육의 핵심은 복음을 전하는 것과 담임목사님을 비롯하여 장로님, 소속 남여선교회, 기관 임원을 만나게 해주는 데 있다. 그 다음 주에 교회 와서 10명

이상에게 인사를 나눌 수 있을 정도로 만들어 준다면 교회 오는 것이 어색하지 만은 않을 것이다. 새신자들이 교회 가기 힘든 이유 중에 하나는 '어색함' 때문이다. 교회 분위기, 교회 사람들, 교회에서 쓰는 용어 등이 어색하기 때문이다. 그러나 적어도 10명 이상만 내가 인사할 수 있는 사람을 만들어 준다면 적어도 그 어색함은 많이 사라져서 교회 오는 부담도 조금씩 덜게 될 것이다.

4) 양육자의 모범

그러기 위해서는 무엇보다 양육자들에게는 모범적인 모습이 필요하다. 사도 바울은 "내가 그리스도를 본받는 자가 된 것 같이 너희는 나를 본받는 자가 되라"(고전11:1)고 말한다. 구체적으로 예배의 모범, 헌금의 모범, 기도의 모범, 전도의 모범, 봉사의 모범, 섬김의 모범 등이 있다. 새신자들은 하나님을 만나기 전에 눈에 보이는 양육자를 먼저 만나기 때문이다. 모든 면에서 모범이 되어야 새신자들도 그 모습을 보고 첫 신앙을 배우기 때문이다. 우리교회 새가족 양육은 어떻게 진행되는지를 파악하고, 새신자가 왔을 때 우왕좌왕 하지 않고 소개와 함께 잘 안내해 줄 수 있기 바란다.

5) 새신자의 영적인 상태

새신자는 나이와 상관없이 교회를 처음 왔기 때문에 어린아이와 같다. 그래서 새신자들은 영적인 부모가 필요하다. 교회를 처음 오신 분들은 심리적으로 많은 사람들에게 노출되는 것을 꺼려하기 때문에 갑자기 일으켜 세우거나, 앞으로 초대하는 것은 상황에 맞게 적절하게 하는 것이 좋다.

● **우리교회는 새가족 양육이 어떻게 준비 되어 있는가?**

전도자는 우리학교 새가족 담당자와 긴밀하게 소통이 되어야 하며, 모든 일정들을 파악하고 있어야 한다.

● 일시, 장소

● 교육 내용

● 새가족반 담당자와 섬김이는 누구인가?

● 선물은 무엇을 주는가?

● 언제 수료를 하는가?

V. 오늘의 미션

EVANGELIST

"전도 대상자에게 감동주기♥"

Ⅷ. 전도일기 쓰기

EVANGELIST

- □날 짜 :   □조 :   □이름 :
- □동행자 :   □장소 :

Ⅶ. 전도일기 쓰기

EVANGELIST

□ 날 짜 :　　　　　□ 조 :　　　　　　□ 이름 :
□ 동행자 :　　　　　　　　　　　　　□ 장소 :

EVANGELIST

전도팀활성화 프로젝트　**여덟째 주**

▶ 찬양 1. 부름받아 나선 이몸

▶ 찬양 후 중보기도

1. 주님! 전도를 통하여 이번에 VIP초청주일에 오시기로 한 분들이 계십니다. 성령께서 그 마음을 만져주셔서 꼭 올 수 있도록 역사하여 주옵소서.

2. 하나님께서 귀한 동역자들을 세워 주셨사오니, 이번에 함께 훈련 받은 집사님, 권사님 모두가 함께 이 복음을 위해 살아가게 하여 주옵소서.(옆 사람 손을 잡고 기도)

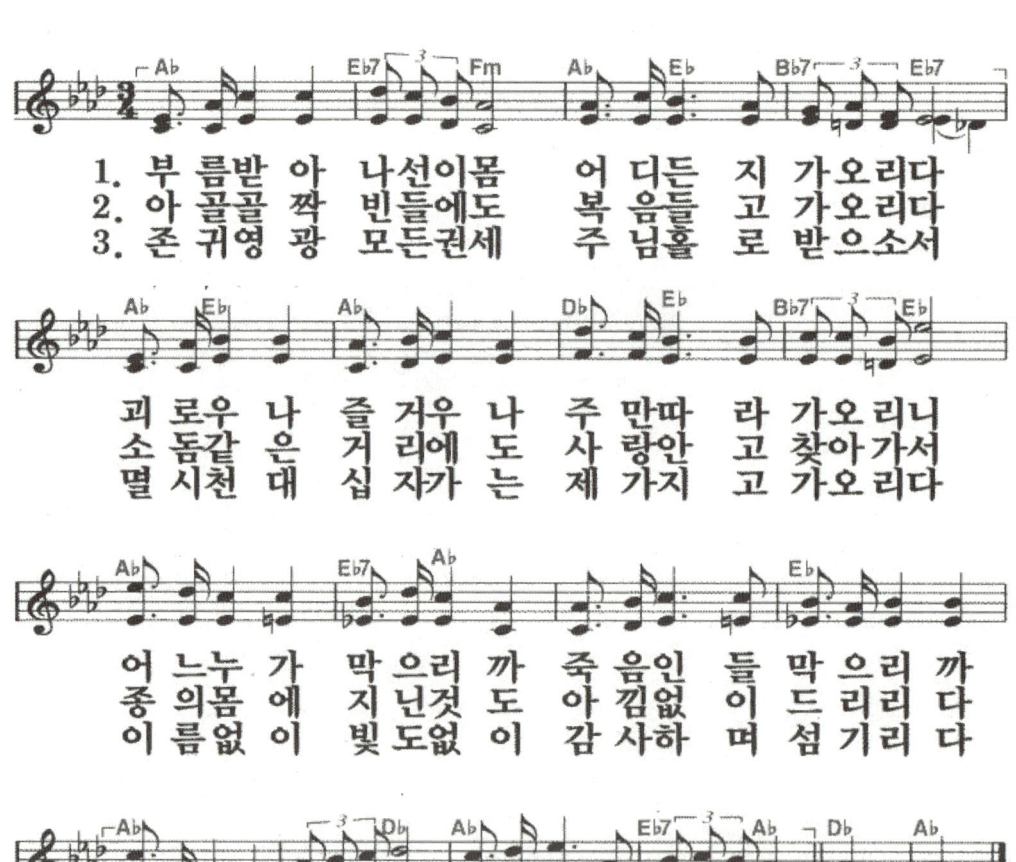

▶ **찬양 2.** 가서 제자 삼으라

▶ **찬양 후 중보기도**

3. 하나님! 우리 교회가 영혼을 살리는 교회가 되게 해주셔서 감사합니다. 앞으로도 복음 전도에 더욱더 힘쓰는 교회가 되게 하시고, 더 많은 성도들이 이 훈련을 통하여 전도에 두려움이 사라지고 날마다 복음전하는 아름다운 발걸음이 되게 해 주옵소서.

▶ 한 분도 안찾아 가신 분들 대상으로 찾아가셔서 세 분 이상씩 허깅 하세요.

▶ 찬양 3 하나님께서 당신을 통해

▶ 찬양 4 축복의 통로

하나님께서 당신을 통해

하나님께서 당신을통해 메마른땅에샘물 나게하시기를
가난한영혼 목마른영혼 당신을통해주사랑알기원하네

축복의 통로

당신은 - 하나님의 - 언약 안에 - 있는축복의-통로
당신을-통하여-서 열방이- 주께 - 돌아오게 되 리
                          주께 - 예배하게 되 리

남자는 남자끼리, 여자는 여자끼리

또는 남자/여자는 악수하며

"능력 전도자가 되세요"

축복하겠습니다.

I. 전도이론

EVANGELIST

"이제 예수 그리스도의 증인으로 살아가다"

요한복음 3장에 보면 세례 요한은 제자들로부터 이러한 질문을 받는다.

(요3:25,26) 이에 요한의 제자 중에서 한 유대인과 더불어 정결예식에 대하여 변론이 되었더니 그들이 요한에게 가서 이르되 랍비여 선생님과 함께 요단 강 저편에 있던 이 곧 선생님이 증언하시던 이가 세례를 베풀매 사람이 다 그에게로 가더이다

쉽게 말하면 이렇다. "요한의 세례는 진짜가 아니다. 요한이 진짜면은 왜 사람들이 예수에게 다 가겠느냐?" 그러자 요한은 이렇게 대답한다.

(요3:27,28) 요한이 대답하여 이르되 만일 하늘에서 주신 바 아니면 사람이 아무 것도 받을 수 없느니라 내가 말한 바 나는 그리스도가 아니요 그의 앞에 보내심을 받은 자라고 한 것을 증언할 자는 너희니라

무슨 말인가? 나는 그리스도가 아니고, 주인도 아니고, 나에게 능력이 있는 게 아니라, 하늘로부터 주신 능력을 가지고 나는 충성되이 증언하는 것이라고 말한다. 나는 주의 길을 예비하는 예비자, 증인이고, 광야에서 외치는 소리일 뿐이다. 이것만 하면 됐지. 그 다음에 무엇이 필요하냐고? 말한다. 이것이 바로 세례 요한의 증인된 자세였다. 자기 삶에 목적이 무엇인지 정확하게 알고 있었다. 종종 복음 전하는 자가 예수님을 전하는 게 아니라, 자기를 자신을 증거할 때가 있다. 자기에게 능력이 있고, 실력이 있으니까 자기에게로 오라는 것이다. 얼마나 위험한 말들인가? 목표를 잃어버린 것이다.

생각해보라. 세례 요한처럼 누군가가 나에게 와서 이런 저런 말을 할 때 자기 자리와 위치를 지킨다는 것은 쉬운 일일까? 쉽지 않다. 그런데 세례 요한은 주변 사람들과 제자들이 자신을 무시하는 말을 해도 결코 흔들리지 않는다. 이처럼 악한 마귀는 우리를 이런식으로 공격한다. 그럴 때 **우리는 전도자로서 주변환경 때문에 흔들려서는 절대 안된다.** 교회를 욕하고, 목회자와 성도를 비난하고, 전도하고 있는 나에게 어떤 공격을 해도 흔들려서는 안된다. **나에게도 자랑할 것이 많겠지만, 오직 예수님만 자랑하는 증인된 삶을 살아야 한다.** 어떤 성도와 대화하면 항상 예수님만 자랑하고, 예수님이 하신 일들을 간증한다. 그 성도는 예수님밖에 모르는 사람이다. 반면 예수님을 믿는다고 하면서 항상 자기 자랑, 집 자랑, 자녀자랑, 가진 것 자랑하는 사람들은 증거자의 자세가 아니다.

세례 요한과 같이 "나는 그리스도가 아니라, 오직 예수님의 이름을 높이는 것이 나의 사명이다"라고 하는 증인된 삶의 자세로 복음전도 하기 바란다.

> 저는 2002년부터 7년 가까이 부산역광장에서 매주 토요일마다 봉고차에 악기를 싣고 복음을 전하고, 끝나면 또 개척교회이니 밤새 예배를 준비해야했습니다. 어느 날 저희 누나가 다니고 있는 대구에 ○○교회를 가게 되었습니다. 대구에서 꽤 큰교회였습니다. 금요심야예배를 드리는데 리더의 찬양인도로 "변찮는 주님의 사랑과~" 부를 때, 저는 그 자리에 털썩 주저앉아서 기도했습니다. 감격과 감동의 눈물이었을까요? 아닙니다. 억울해서 나오는 눈물이었습니다. 저는 주님께 하소연을 했습니다. "하나님! 저는 왜 아무도 알아주지도 않는 그런 길거리에서 복음전도하고, 힘들게 악기를 옮겨야하고, 토요일에 쉬지도 못하고... 왜 저는 이런 곳에서 찬양해야 합니까?" 또 조그만 개척교회에 있다고 무시하는 사람들에 대한 서러움이 있었습니다. 그런데 그렇게 기도할 때, 하나님은 저의 마음을 만지시며 이렇게 말씀하셨습니다. "많은 사람들, 좋은 환경속에서 찬양하는 저 리더가 스스로 영광을 취하고 그 찬양을 내가 받지 않는다면 그러나 아무도 알아주지 않아도 내가 너를 알아준다면 너는 무엇을 택할래?"라는 말씀입니다. 그때 저는 아무도 예배하지 않고, 전도하지 않는 그 속에 제가 있겠습니다. 라고 고백하게 되었습니다. 여러분의 전도, 여러분의 헌신 그리고 여러분의 섬김을 누군가 알아주지 않는다고 서운해 하지 마십시오. 우리 주님께서 알고 계시고 보고 계시고 기억하고 계십니다.

우리는 큰 산에 걸려 넘어지지 않는다. 작은 돌부리에 걸려 코가 깨지고, 이마가 찢어지는 것이다. 우리는 선교를 위해 기꺼이 기도하고 헌신할 수 있고, 교회 부흥을 위해서도 기도하고 봉사할 수 있다. 그러나 정말 힘든 것은 내 주변에 있는 미운 사람, 원수같은 사람을 위해서 기도하는 건 쉽지 않다. 그런데 이게 진짜 사랑이다. 사도바울과 같이 항상 즐거워하는 자들과 함께 즐거워하고, 우는 자들과 함께 울 수 있어야한다. 나를 통해 일하시는 예수님만 드러날 수 있어야 진정한 증인된 삶이다. 이제 예수 그리스도의 증인으로 살아가기 바란다.

II. 복음 메시지

가. 마음열기 : 일상적 대화 ☞ 교회이야기 ☞ 간증
나. 신뢰감 형성 : 지속적인 만남 ☞ 기회 찾기 ☞ 감동주기

- **인간**: 모든 인간은 죄인입니다. 죄인은 천국에 갈 수 없습니다.
- **하나님**: 하나님의 사랑의 하나님이시지만 의로우신 분이셔서 우리의 죄를 벌하실 수밖에 없으십니다.
- **예수님**: 예수님은 인간이신 동시에 하나님이십니다. 죄가 없으신 분이시지만 우리를 구원하시기 위해서 십자가에서 죽으시고 부활하시고, 다시 오시겠다고 약속하셨습니다.
- **믿음**: 우리가 구원받기 위해서는 오직 예수님만 믿어야 합니다.
- **천국**: 천국이 있습니다. 돈, 공로, 착한 일로 갈 수 있는 곳이 아닙니다. 천국은 하나님께서 선물로 주셨습니다.

영접기도

사랑의 하나님! 저는 죄인입니다.
지금까지 저는 제 자신과 세상을 믿고 살아왔습니다.
지금 이 시간 저의 모든 것을 내려놓고, 저의 죄를 회개합니다.
예수님이 저의 죄 때문에 십자가에서 죽으시고 부활하심으로
저의 모든 죄를 해결해 주심을 믿습니다.
지금 이 시간 제 마음의 문을 열고
예수님을 나의 구주, 나의 하나님으로 영접합니다.
이제부터 제가 하나님의 자녀로 살아가도록 인도해 주세요.
예수님의 이름으로 기도합니다. 아멘

Ⅲ. 전도장소 선정, 전도전략 세우기

EVANGELIST

□ 전도란 무엇일까?

전도란 단어는 헬라어로 유앙겔리죠 (εὐ αγγελ ί ζω)에서 시작된 말이다. 그 뜻은 '복음을 전하다' 로 번역할 수 있다. '유' 는 '좋다', '앙겔' 은 '전하다' 를 뜻하며, '리죠' 는 접미사로 쓰여 졌다. 그러므로 전도는 '좋은 소식을 전하다' 라는 의미로 사용되었다.

□ 이 전도의 핵심 내용은 무엇일까?

고린도전서 15:1-4에 성경대로 예수님께서 우리 죄를 위하여 죽으시고 장사 지낸바 되셨다가 성경대로 사흘 만에 다시 살아나신 것이다. 즉 나의 죄를 위해 죽으시고 부활하신 예수님을 전하는 것이다.

□ 왜 전도를 해야 할까?

한국교회 미래를 준비하는 모임과 한국 갤럽과 공동으로 2005년에 한국 교인들의 신앙생활 실태를 조사했습니다. 그 조사에 의하면 "지난 1년간 누군가를 전도하여, 교회에 출석하게 한 적이 있습니까?"라는 질문에 "그렇다"라고 대답한 교인은 26.4%였고, "그런 일이 없다"고 대답한 교인은 무려 73.6%에 달했습니다. 교회에 출석하는 교인 중에 전도하는 이들이, 4명중에 1명에 불과했습니다. 나머지 3/4은 전도의 열매를 전혀 맺지 못하는 신앙생활을 하고 있었던 것입니다. 그렇다면 왜 전도를 해야 할까?

1) 주님께서 명령하셨기 때문이다.

마태복음에 보면 "가서 모든 민족을 제자 삼으라"(마28:19)고 명령하셨고,
마가복음에 보면 "만민에게 복음을 전파하라"(막16:15)고 하셨다.

누가복음에 보면 "죄 사함을 받게 하는 회개가 예루살렘에서 시작하여 모든 민족에게 전파될 것이다."(눅24:47) 라고 선포하셨고,

요한복음을 보면 "아버지께서 나를 보내신 것과 또 나를 사랑하심 같이, 그들도 사랑하신 것을 세상으로 알게 하려 함이다"(요17:23)라고 말씀하셨다.

또한 사도행전을 보면 "오직 성령이 너희에게 임하시면 너희가 권능을 받고 예루살렘과 온 유대와 사마리아와 땅 끝까지 이르러 내 증인이 되리라 하시니라"(행1:8)고 하셨다.

그렇다면 이 명령이 적당히 넘어가야할 일일까? 그렇지 않다. 사도바울도 내가 복음을 전하지 않으면 화가 있을 것이라고 말했다. 그래서 우리는 가장 가까운 가족부터 시작하여 지상명령인 복음전파를 위해 힘을 써야 한다.

2) 온 세상에 복음이 전파되어야 끝이 온다.

(마24:14) 이 천국 복음이 모든 민족에게 증언되기 위하여 온 세상에 전파되리니 그제야 끝이 오리라

어떤 성도들은 이런 말을 한다. "우리 민족도 아직 다 전도 못했는데, 내 주변 이웃에게도 전도할 곳이 많은데 왜 굳이 다른 민족을 전도한다고 선교를 나가야하는가?" 혹시 이런 생각해보았는가? 만약 1세기 그리스도인들이 그런 생각을 하고 있었다면, 과연 내가 복음을 들을 수 있었을까? 미국이나, 영국도 다 복음화 되지 않았는데, 한국에까지 와서 전도할 필요가 있을까? 라고 생각했다면 이 복음은 나에게 그리고 우리 모두에게 전달될 수 없었을 것이다. 주님은 우리 주변에 복음을 다 전하고 땅끝까지 복음을 전파하라고 말씀하지 않으셨다. 여기에서도 복음을 전하고 동시에 복음이 필요한 다른 나라에 가서도 복음을 전하라고 말씀하셨다.

3) 믿지 않는 것이 죄이기 때문이다.

(요16:9) 죄에 대하여라 함은 그들이 나를 믿지 아니함이요

어떤 전도지를 보니 "지옥을 가기 위해서 내가 무엇을 해야하는가?"라는 제목의 글이 있었다. 그 뒤를 보니, 거기에는 별 내용이 없고 이런 말이 있었다. "아무것도 없습니다" 그렇다. 지옥에 가기 위해서는 아무것도 할 일이 없고 가만히 있으면 저절로 간다는 것이다. 예수님을 믿는 결단이 없다면, 죄에서 돌이켜 하나님께로 돌아오지 않는다면, 예수님을 나의 구주 주님으로 믿지 않는다면 지옥은 저절로 간다는 것이다. 얼마나 많은 사람들이 영적 무관심속에서 살아가고 있는가? 그래서 우리는 듣든지 아니 듣든지 전해야 한다. 천국과 지옥이 있다는 것과 죄가 있으면 갈 수

없다는 것, 예수님을 믿어야 한다는 것을 말이다.

4) 구원 받지 못한 이들에게는 영원한 멸망의 형벌이 있기 때문이다.

(살후1:9) 이런 자들은 주의 얼굴과 그의 힘의 영광을 떠나 영원한 멸망의 형벌을 받으리로다

마틴루터는 "내가 천국에 도달하는 그날, 나는 천국문에서 하나의 현판을 볼 수 있을 것이다. 그 현판에는 「오직 회개한 자」라고 쓰여 있을 것입니다" 영원한 형벌을 피하기 위해서는 죄에서 돌이켜 하나님께로 나와야 한다.

□ 어떻게 전도해야 할까?

1) 혼자보다는 함께

물론 전도를 혼자서도 잘 하시는 분들이 계신다. 그러나 교회는 그리스도의 지체로써 서로 각각 연합하여 한 몸을 이루게 하셨다. 전도는 혼자보다 둘이 낫고 둘보다 넷이 낫다. 전도를 나갔을 때 처음부터 바로 예수님 믿겠다며 영접하는 것은 흔한 일이 아니다. 거의 대부분 거절을 한다. 계속된 거절로 영적 무기력함 즉 자신감을 잃고 주눅이 들 수 있다. 그래서 동역자가 필요하다. 서로서로 의지하면 복음전도에 더 힘을 낼 수 있다.

(전4:10) 혹시 그들이 넘어지면 하나가 그 동무를 붙들어 일으키려니와 홀로 있어 넘어지고 붙들어 일으킬 자가 없는 자에게는 화가 있으리라

예수님은 연합을 강조하셨다. 그 연합은 나와 예수님과의 연합이고, 우리 성도들과의 연합이고 나아가서는 이웃교회들과의 연합이다.

(전4:9) 두 사람이 한 사람보다 나음은 그들이 수고함으로 좋은 상을 얻을 것임이라
(전4:12) 한 사람이면 패하겠거니와 두 사람이면 맞설 수 있나니 세 겹 줄은 쉽게 끊어지지 아니하느니라

> 교회 전도팀을 훈련시킬 때, 강조하는 것 중에 하나가 바로 연합입니다. 예수 그리스도와의 연합 그리고 성도들 간의 연합, 전도팀원들 간의 연합 나아가서 이웃교회들 간의 연합입니다. 우리는 내 교회만 잘되어선 안 됩니다. 개척교회(미자립교회) 또는 힘들어하는 교회들을 돌아볼 수 있어야 합니다. 왜냐하면 이 땅에 세워진 교회들은 주님의 몸 된 교회이기 때문입니다. 그래서 저는 교회를 개척하고 전도팀 훈련을 시키면서도 이웃교회를 돌아보고 그 교회에 가서 함께 복음을 전하고 있습니다.
> "목사님! 우리교회 전도할 때 오십시오. 저도 목사님 교회 가서 함께 전도하겠습니다. 도움이 필요하면 언제든 편하게 말씀하십시오."
> 그러다보니 벌써 6개 교회가 연합하여 복음을 전하게 되었고, 동역하는 목사님들이 목회에 힘과 용기를 얻게 되었습니다. 여러분 주변의 교회를 한 번 돌아보십시오. 혹시 여러분의 도움이 필요로하는 교회는 있지 않을까요? 그리고 전도하는 날짜가 같다면 함께 연합하여 복음을 전하면 얼마나 더 아름다운 모습이 될까요? 내 교회만 생각하면 할 수 없지만 주님의 교회라고 생각하고 전도한다면 우리가 전도에 임하는 태도가 좀 더 진지하고 많은 부분이 달라질 것입니다.

2) 성장은 조직을 필요로 한다.

지금까지 전도팀이 성장하지 못했던 이유 중에 하나가 바로 '조직'이 없거나, 끼리끼리 모이기 때문이다. 일을 진행할 때보면 우리끼리는 눈빛만 봐도 척척 일을 너무나 잘 하는데, 다른 성도들이 끼어 들 수가 없다. 즉 연합이 되지 않는다. 편한 사람, 마음 맞는 사람끼리만 일을 진행하다보니 행정적인 일처리는 잘 진행될지 몰라도 성장은 없다. 새로운 전도팀원 모집이 되지 않는다. 아니 새로운 사람이 오는 걸 싫어할지도 모른다. 어쩌면 지금 우리 교회의 모습은 아닌가? 어떻게든 전도팀을 활성화 시켜보려고 여러 세미나를 쫓아다니고 전도훈련을 받아도 우리교회에 정착이 되지가 않는다. 근본적인 원인부터 해결해야 한다.

> 저는 어렸을 때부터 20여 년을 거제도에서 살았습니다. 기타를 배우고 싶었지만 워낙 시골이라 학원이 없었습니다. 심지어 은행도 없어서 어머니는 버스를 타고 충무(통영)에 가서 은행 업무를 보곤 했습니다. 인터넷도 없던 시대라 통기타 독학 책을 보고 코드 하나하나를 잡고 연습했는데 몇 달이 지나서 아주 간단한 찬양을 연주할 수 있었습니다. 그때의 감격이란 잊을 수가 없습니다. 또한 거제도 바닷가에 살다보니 수영을 어깨 넘어로 배울 수 있었다. 물에 빠지지 않고 간단한 거리 정도는 쉽게 갈 수 있었습니다. 저는 제가 정말 잘하는 축에 속하는 줄 알았습니다. 그러나 딱 거기까지 만이었습니다. 어느 정도 흉내는 낼 수 있지만 더 이상 성장이 없었고, 성장할 수도 없었다는 걸 뒤늦게 깨달았습니다. 그 이유는 조직적으로 배우지 못했기 때문입니다. 학원에서 기초부터 체계적으로 배웠더라면 얼마나 많은 성장이 있었을까? 하는 아쉬움이 남습니다. 건강한 성장은 조직을 필요로 합니다.

우리가 사는 생활속에는 많은 부분이 기초와 조직이 중요하다. 전도팀도 예외일 수 없다. 우리교회 전도팀을 점검해 보라. 지금 팀장(부장)의 역할은 잘하고 있는지, 임원들은 자기 자리에서 충실히 잘 감당하고 있는지, 보고 체계라든지 전도계획들이 잘 이루어지고 있는지 점검해보고 부실한 부분이 있다면 꼭 보완하기 바란다. 우리 교회 전도팀이 끼리끼리 모인다면 즉시 그 조직은 다시 개편해야 한다. 조직이 있을 때 살이 붙고, 전도팀 성장의 발판이 만들어진다.

〈한국인의 의식구조〉를 쓴 이규태 작가는, 오늘을 사는 한국인들이 협동하지 못하는 원인을 '독 속의 게'에 비유했다. 독 속에 갇힌 게는 개별로 보면 독 밖으로 나올 충분한 역량이 있는데도 기어 나오지 못한다. 왜냐하면 게 하나가 기어 나오려 하면 다른 게가 뒷다리를 물고 늘어지기 때문이다. 한마디로 '너 죽고 나 죽자'인 것이다. 오늘날 주님의 사역이 진전되지 못하는 것은 그리스도인들조차 지나치게 개인주의적이어서 협동이 안 되기 때문이다. 섬기라고 주신 직분을 계급으로 여긴 다거나, 사회적 신분을 교회로 갖고 와서 권위를 내세우면 안된다는 것이다.

☐ 전도팀은 어떻게 조직할까?

1) 항상 기도가 먼저다.
예수님도 전도하기 전에 금식기도 하시고 전도를 시작하시면서 제자를 부르셨다.

40일금식기도 후
이 때부터 예수께서 비로소 전파하여 이르시되 회개하라 천국이 가까이 왔느니라 하시더라 갈릴리 해변에 다니시다가 두 형제 곧 베드로라 하는 시몬과 그의 형제 안드레가 바다에 그물 던지는 것을 보시니 그들은 어부라 말씀하시되 나를 따라오라 내가 너희를 사람을 낚는 어부가 되게 하리라 하시니 (마태복음 4:17-19)

2) 한 사람씩 1:1 만남
예수님은 한꺼번에 12제자를 부르시지 않고 한 사람 한 사람 찾아다니시며 제자로 부르셨다. 우리도 전도팀의 활성화를 위해서는 주보 광고 한 번만으로는 안 된다. 성도들을 위해 기도하면서 하나님께서 감동을 주시면 그 성도를 찾아가서 만나야 하고 평소에 전도를 해야 한다고 생각했었던 성도들도 찾아가서 만나야 한다.

3) 조직부터 세워라

어느 정도 전도팀에 숫자가 모였다면 가장 먼저 팀장(부장)을 세워야 한다. 그리고 전도팀의 숫자가 많다면 4~5명으로 구성된 '조'를 만들어서 조장을 세워라. 그래서 전도팀의 관련된 모든 사항들을 함께 의논하고 함께 기도하고 함께 추진해 가라.

4) 전도팀 만의 소그룹실이 있으면 좋다.

교회마다 상황과 여건이 다르기 때문에 단정 지어 말할 순 없지만 전도팀의 훈련, 기도회, 전도기획, 전도상황판, 전도용품 비치 등 전도는 많은 부분을 준비해야 하기에 전도팀만의 소그룹실이 있으면 좋고, 여의치 않는다면 어떤 한 공간이라도 전도에 집중하고, 전도상황을 알 수 있는 공간이 있으면 좋다.

▫ 전도팀은 어떻게 운영할까?

1) 조마다 미션을 부여하라

각 조마다 '조 구호', '조 이름'을 붙여주면서 조별로 활동할 수 있도록 만들어준다.
각 조마다 지역을 정해주고 그 지역을 책임질 수 있도록 미션을 준다.
각 조마다 전도를 몇 명 할 건지 스스로 목표를 정하도록 한다.

2) 중보기도팀을 만들라

전도하러 가고 싶지만 몸이 불편해서 또는 개인 사정상 못가시는 분들에게 중보기도팀을 권면해 주면 좋다.

그리고 전도 하시다가도 개인적인 사정으로 전도 못가시는 분들은 전도를 하지 않겠다고 하시는데, 그분들에게도 중보기도팀으로 섬겨 달라고 부탁드리며 전도팀 구성원으로 꼭 넣어두어야 한다. 그래야 나중에 전도팀에서 일을 할 때 큰 힘이 될 수 있기 때문이다. 꼭 교회까지 안오시더라도 전도팀 구성원으로 넣고 전도사역을 위해 기도할 수 있도록 해주면 전도팀은 강력한 기도의 후원을 받아 복음을 전할 수 있다. 월례회나 야유회 때도 꼭 함께 한다.

3) 동기부여가 반드시 필요하다.

늘 똑같은 시간, 장소에 나가서 전도를 한다 열매가 없는 것 같고, 주변에서는 왜 전도를 해도 새 신자가 한 명도 없냐고 말을 할 때 참 가슴이 아프다. 그래서 전도를 포기하고 싶은 갈등에 놓이기도 한다. 내가 전도하는 사람을 어떻게든 전도해야 하는데 도무지 움직이지를 않는다. 그럴 때 난 얼마나 지치고 힘드는가? 그래서 전도팀에는 동기부여를 할 수 있는 "전도 동력 세미나"가 필요하다.

담임목사님의 격려와 기도, 전도 간증 세미나, 전도훈련세미나 등 전도팀에게 힘을 줄 수 있는 방법들을 찾아서 분기별 1회 동력세미나를 해주는 게 전도팀 활성화를 위해서 좋은 대안이 될 것이다.

4) 특별한 날은 특별하게 챙겨라

① 칭찬하라

전도는 지상명령이지만 그 명령을 수행할 때 이왕이면 행복하면 좋지 않는가?

전도팀이 행복한 팀이 되도록 만들어야 한다. 경조사는 당연히 챙겨야 하고 전도대상자가 교회에 왔을 때는 특별히 전도한 사람을 칭찬하고 격려해야 한다. 얼마나 많은 기도와 헌신이 있었을까?

미국역사에 큰 영향을 미친 '마크 트웨인' 이라는 작가는 "칭찬보다 공동체를 건강하고, 견고하게 세워갈 수 있는, 더 나은 방법은 없다"고 말했다.

② 생일을 꼭 챙겨라.

요즘은 자녀들도 부모생일을 잊고 지낸다. 연세가 있으신 분들은 생일 케익을 받아본지도 오래되었다고 한다. 전도팀에서 할 수 있는 범위 내에서 생일을 축하해 주고, 교역자 또는 담당자가 그 분을 위해 축복기도를 해주면 아주 좋다. 작은 것이지만 큰 감동으로 다가올 것이다. 생일축하는 한 달에 한번씩 보다는 2개월에 한 번씩 모아서 하는 것이 좋다. 내가 주님 앞에 설 때까지 전도팀에 나오겠다는 마음을 갖게 하는 게 중요하다.

5) 전도팀 모집을 정기적으로 하라

전도팀은 고인물이 되어서는 안된다. 그리고 새로운 팀원이 왔을 때 절대 텃새를 부려서는 안된다. 전도만큼 중요한 것이 우리 안에서의 '하나됨' 이다. 마귀는 이것을 계속 못하게 마음을 나누어서 분열하게 만든다. 정신을 바짝 차려야 한다.

기존 성도들에게 전도팀에 들어올 수 있는 기회를 정기적으로 만들면 전도팀 안에서도 날마다 새로움이 생긴다. 모집을 하기 위해서는 두 가지가 준비 되어 있어야 한다. 하나는 전도팀 안에서의 '행복함'이고 또 하나는 전도하는 내가 얼마나 귀한 일을 하고 있는 것인지 보여줄 수 있어야 한다. 그래서 전반기와 하반기로 나누어서 오전예배 후 광고시간에 전도팀이 그동안 전도했던 사진 또는 영상과 함께 모집을 하면 그 영상(사진)을 본 전도팀으로서도 뿌듯하고, 성도들도 전도를 하고 싶다는 마음을 갖게 하는 좋은 기회가 될 것이다.

6) 영적 반대와 공격은 사전에 차단하라

전도팀원들에게 전도하는 우리에게는 반드시 영적공격이 있다는 것을 미리 알려주고 사전에 차단할 수 있도록 기도와 믿음으로 준비해야 한다. 이것은 훈련 때마다 강조해야 된다.

그래야 실제로 나에게 그런 공격이 왔을 때 그것이 영적 공격이란 것을 알고 대처할 수 있기 때문이다. 특별히 그 영적공격은 우리 안에서부터 시작될 때가 많다. 내 자존심 건드렸을 때나 나를 인정해 주지 않았을 때 그리고 내 주장이 먹혀 들어가지 않았을 때 거절감 또는 무시당하는 마음에 그만 넘어질 때가 종종 있다. 그래서 마음을 잘 지켜야 한다. 상처 주는 사람에게만 말조심하라고 하지 말고, 나도 상처 안받으려고 노력해야 한다. 마음이 강하고 담대해야 한다.

느헤미야 3장에 보면 성벽재건에 대한 평가들이 나오는데, 귀족들은 그 공사에 소홀히 했다는 평가를 받는다. 쉽게 말하면 함께 일을 해야 하는 자리에 있었음에도 일을 하지 않았던 사람들이다. 그 장면을 프랭크 틸라파 라는 목사님은, "어떤 사역의 현장에도 한두 마리의 미꾸라지가 존재한다는 교훈을 위해, 이들이 기록되었다"고 말했다. 그렇다 우리가 전도팀을 세워나갈 때 100% 완벽하게 다 따라오지는 않을 것이다. 그래도 필요 이상의 비판은 피하고, 함께 가는 사람들에게 집중해서 전도팀을 세워나가야 할 것이다.

VIP초청축제 모셔오기

나의 전도 대상자 명단(개인보관용)

이름 :

번호	이름	관계	초청여부(O,△)
1			
2			
3			
4			
5			

------------------------------✂------------------------------✂------------------------------

나의 전도 대상자 명단(교회제출용)

이름 :

번호	이름	관계	초청여부(O,△)
1			
2			
3			
4			
5			

※ 기록 후 제출해 주세요

VIP초청축제 모셔오기

나의 전도 대상자 명단(개인보관용)

이름 :

번호	이름	관계	초청여부(O,△)
1			
2			
3			
4			
5			

------------------------- ✂ ------------------------- ✂ -------------------------

나의 전도 대상자 명단(교회제출용)

이름 :

번호	이름	관계	초청여부(O,△)
1			
2			
3			
4			
5			

※ 기록 후 제출해 주세요

VIP초청축제 모셔오기

3기

나의 전도 대상자 명단(개인보관용)

이름 :

번호	이름	관계	초청여부(O,△)
1			
2			
3			
4			
5			

------------------✂-------------------✂------------------

나의 전도 대상자 명단(교회제출용)

이름 :

번호	이름	관계	초청여부(O,△)
1			
2			
3			
4			
5			

※ 기록 후 제출해 주세요

● VIP초청 축제는 어떻게 준비 되어 있는가?

● 일시, 장소

● 오시겠다는 분들은 대략 몇 분인가?

● 특별 프로그램(기존의 예배형식 틀을 크게 깨지 않는 선에서)

● 선물과 식사

● 다음 주에 한 번 더 모시고 올 수 있는 방안은?

VI. 오늘의 미션

EVANGELIST

"전도 대상자에게 한 번 더 찾아가기"

V. 전도 후 피드백

EVANGELIST

● 함께 간 조원들은 누구누구인가?

● 어느 장소에서 전도를 했는가?

● 어떻게 전도를 시도했는가?

● 결과 – 반응은 어떠했는가?

● 전도하면서 느낀점은?

▶ **찬양 전도(1)** 당신은 사랑받기 위해 태어난 사람

당신은 사랑받기 위해 태어난 사람

▶ 찬양 전도 (2) 감사해요 깨닫지 못했는데

감사해요 깨닫지 못했는데

▶ **찬양 전도악보 (3)** 예수 믿으세요

▶ **찬양 전도악보 (4)** 난 예수가 좋다오

이 지 훈 목사 profile

부곡순복음교회 담임목사(2018.1.)
전도왕만들기프로젝트훈련 대표
순복음안락교회 수석부목사
대지교회 부목사(통합)
010-8255-3502 이지훈 목사
www.bugokfc.com (부곡순복음교회)

2002년 무더운 여름 대한민국과 온 세계 사람들이 월드컵 열기로 뜨거울 때, 윤혜영 목사님(순복음주찬미교회 담임목사)을 중심으로 길거리소리전도단이 창립되었고, 그는 리더로 섬기면서 악기와 음향장비를 동원하여 매주 토요일마다 부산역광장에서 복음을 전파하였다. 더우면 더운 대로 추우면 추운 대로 영적 공격이 있으면 맞서 싸워가며 복음을 전하였다. 2008년 부산역 광장에 차량진입이 차단되고, 광장에는 공사가 진행되어 악기와 음향을 들고 더 이상 들어갈 수 없어 결국 부산역광장 길거리전도사역은 중단 되어버렸다. 그러나 하나님께서는 그에게 이전보다 더 뜨겁게 한 영혼에 대한 소중한 마음! 복음전파에 대한 뜨거운 열정을 부어주셨고, 오직 예수! 오직 복음을 위해 몸부림치기 시작했다.

그는 2009년 순복음안락교회 부임 후에도 수석부목사로 섬기면서 전도팀 활성화와 복음 전파에 힘을 쏟았고, 2017년 대지교회(통합) 부임 후에는 『전도왕만들기프로젝트(리더)』와 『전도왕만들기프로젝트(학생)』 교재를 편찬하여 교회 전도팀 활성화와 복음전파에 온 힘을 쏟았다.

2018년 1월에는 하나님의 강권적인 인도하심으로 〈부곡순복음교회〉를 설립하게 되었고, 기도하며 말씀을 읽는 중에 〈막1:35-39〉말씀 중 "이르시되 우리가 다른 가까운 마을들로 가자 거기서도 전도하리니 내가 이를 위하여 왔노라" 주님이 오신 목적 그대로 영혼구원을 위해서 교회를 세웠다.

17년 이상 전도에 매진해 온 그는 〈전도왕만들기프로젝트〉훈련팀을 조직하여, 훈련장소에 가서 받는 훈련이 아닌 직접 교회 전도팀 속에 들어가서 그 교회 전도팀의 문제점을 진단하고, 전도팀 활성화를 위한 대안도 제시하면서 함께 전도하며 조직을 세우고 그 교회에 맞는 전도축제를 기획하는 등 말그대로 전도팀활성화에 힘을 쏟고 있다. 뿐만 아니라 그는 개척교회 연합을 통하여 개척교회 목회자들과 함께 복음을 전하면서 개척교회를 섬기고 세우는 일에도 힘을 쏟고 있다.

부곡순복음교회 www.bugokfc.com

전도팀활성화프로젝트

초판 1쇄 2018년 12월 1일
지은이 이지훈
발행처 도서출판 카리타스
주소 부산광역시 동구 중앙대로 298 부산 YWCA 304호
전화 051)462-5495 **팩스** 051)462-5496
홈페이지 www.enkorea.kr
등록번호 제 3-114호
ISBN 978-89-97087-19-8
※잘못된 책은 구입하신 곳에서 교환해 드립니다.